María Tresca

Con la colaboración de:

ENSEÑAR EN LA ERA DE LA IA

María Tresca

Con la colaboración de:

ENSEÑAR EN LA ERA DE LA IA

DEL DEBATE A LA ACCIÓN

Un manual humano para docentes reales

Bonum

Tresca, María
Enseñar en la era de la IA : del debate a la acción : un manual humano para docentes reales / María Tresca. - 1a ed. - Ciudad Autónoma de Buenos Aires : Bonum, 2026.
148 p. ; 22 x 15 cm.

ISBN 978-987-667-625-0

1. Inteligencia Artificial. I. Título.
CDD 006.3

Dirección de colección: Alejo Merker
Coordinación editorial: María Soledad Gomez
Corrección: Javiera Gutiérrez
Diseño de interiores: Silvina Álvarez
Diseño de tapa: Natalia Siri

Av. Corrientes 6687 (C1427BPE)
Buenos Aires - Argentina
(5411) 2713-4369
ventas@editorialbonum.com.ar
www.editorialbonum.com.ar
editorial_bonum

Impreso en Argentina
Es industria argentina

Índice

Algunos datos sobre quien escribe para que puedas dar contexto a lo que sigue:

- Aprendí a tipear en Academias Pitman sobre una máquina de escribir Olivetti.
- Tuve mi primer teléfono móvil analógico (con teclas que había que apretar varias veces para escribir la "c", por ejemplo), pasados mis 20 años.
- Conocí Internet también pasados mis veintitantos... y con una velocidad que desafiaba mi capacidad de espera (¡y un ruido de fondo que aumentaba la expectativa!).
- Incentivada por un profesor de la facultad, tuve el honor de enseñarle a mi abuela (1906-2004) a usar una PC. Confirmando que "los seres humanos no perdemos naturalmente la capacidad de aprender", a los 91 años aprendió a usar Word para tipear cartas escritas por sus padres reportándose desde una Francia que se recuperaba de la Segunda Guerra Mundial.
- No sé programar ni nada que se le parezca.

- No entiendo absolutamente nada sobre cómo funcionan las nuevas tecnologías (tampoco las viejas: ¡jamás entendí cómo funcionan la electricidad, los autos o la televisión!)
- Me apasionan la innovación (algo "nuevo" que agrega valor) y el gran desafío de guiar procesos de cambio y transformación en las personas y en las organizaciones; debo admitir que me va bastante mal con eso... ¡pero me la paso intentando!
- Tengo una tendencia visceral a ver el vaso medio lleno, a aferrarme a la idea de que las cosas pueden mejorar y que hay algo que seguramente pueda hacer al respecto; ¡por supuesto, no siempre sucede! Esa postura que forjé leyendo y aprendiendo sobre Psicología positiva seguramente sesga las opiniones que plasmo en este libro.
- Estoy algo fascinada con el potencial que la IA puede tener para aumentar posibilidades de aprendizaje... y el "algoritmo" lo sabe, ¡y se encarga de aumentar mi fanatismo!
- Cometí absolutamente todos los errores que en este libro te aliento a evitar... y te los voy a ir compartiendo para que puedas aprender de ellos
- Leí muchas más investigaciones sobre IA y educación de las que me propuse, pero con mucho menos profundidad de la que me hubiera gustado.

- No tengo la menor idea sobre cómo sigue todo esto. Pero estoy segura de que cuanto más exploremos las herramientas que van surgiendo, más vamos a poder hacer al respecto.
- Dejo en el libro referencia a info en línea con QR y menciones a canales de diferentes redes o webs. Te sugiero que avances con los objetivos de lectura que te propongas y hagas anotaciones sobre los links o QR que te interesan para verlos en otro momento y así evitar la sobrecarga cognitiva; como te imaginarás, ¡yo no logré regularlo al escribirlo!
- Todo lo que leas de acá en adelante se desactualiza minuto a minuto. Va a ser fundamental tu habilidad para poner en contexto lo que leas. Siempre tené presente que: *este libro fue escrito durante la segunda mitad de 2025 por alguien que nació en 1976* y que persigue, como puede, los avances generados por la revolución digital desde comienzos de los 2000.

María Tresca

MARIA_TRESCA

Introducción

Enseñar en el siglo XXI se fue transformando, lenta pero progresivamente, en uno de los mayores desafíos que el mundo educativo haya enfrentado desde el surgimiento de la educación formal.

¿Por qué? Por una combinación de factores que hacen que esta era esté internacionalmente caracterizada —desde principios de siglo— como volátil, incierta, vompleja y ambigua (VUCA, según su sigla en inglés).

En junio de 2025, Ilya Sutskever, uno de los cofundadores de OpenAI —la empresa que al presentarnos ChatGPT nos abrió la puerta al mundo de la IA—, durante el discurso que dio al recibir el título de Doctor en Ciencia *Honoris Causa* en la Universidad de Toronto, aseguró: “La IA que tenemos hoy ya ha cambiado en un grado bastante considerable lo que significa ser estudiante”.

Sus palabras me resonaron profundamente. Desde hace décadas, como la mayoría de quienes nos apasiona la educación, investigo sobre la necesidad de adaptar el sistema educativo a los cambios del contexto. Pues bien, eso todavía no ha sucedido, ¡ni parece posible en el corto plazo (al menos no de manera sustancial)! Sin embargo, su frase deja en evidencia algo superador. Lo que Sutskever plantea es aún más profundo: aunque el sistema siga siendo en muchos sentidos obsoleto —rígido, estructurado, diseñado para unos pocos—, *¡la experiencia de ser estudiante ya es otra!*

Para explorar esta idea, y fiel al espíritu de este libro, consulté a ChatGPT. Aquí está lo que le pregunté (*prompt*) y su respuesta (¡que admito superó mis expectativas!),

Le pregunté:

"¿Cómo resumirías en una palabra la habilidad académica clave para aprender en 1980, en 2000 y en 2025?"

Esta fue su respuesta:

- 1980: *Memorización*
- 2000: *Comprensión*
- 2025: *Adaptabilidad*

En 1980, el aprendizaje se centraba en la acumulación de conocimientos mediante la repetición.

En 2000, con más acceso a la tecnología, el foco se desplazó hacia la comprensión y el pensamiento crítico.

En 2025, con la inteligencia artificial y la velocidad del cambio, la clave es la capacidad de adaptarse, aprender continuamente y pensar de forma flexible.

¿Qué te parece su respuesta? ¡A mí me sorprendió su análisis! Admito que esperaba algo más superficial.

La cuarta revolución tecnológica

Independientemente de nuestra postura frente al avance de las nuevas tecnologías (asumo ubicarme entre los optimistas), lo cierto es que vivimos, enseñamos, aprendemos e interactuamos en un mundo atravesado por la IA.

Estamos inmersos en lo que se conoce como la "Cuarta Revolución Industrial" o Revolución 4.0: un proceso de transformación impulsado por tecnologías que integran lo físico, lo digital y lo biológico.

Nos tomó unos 20 años adaptarnos a los cambios que Internet produjo en nuestra manera de comunicarnos, de acceder a la información, de aprender y de trabajar. ¿Nos dará tanto tiempo la IA? No lo creo.

Lo cierto es que quienes pertenecemos a la generación X (nacidos entre 1960 y 1980) o a la generación Y —los Millenials (1980-1996)—, somos testigos de su nacimiento con la madurez y la experiencia suficientes como para poder hacer un análisis crítico y responsable de su impacto en el mundo educativo.

Quienes vimos nacer el 30 de noviembre de 2022 la IA generativa (el nombre técnico de herramientas como ChatGPT), estamos presenciando un proceso único en la historia de la tecnología y el conocimiento, el más desafiante de la historia de la humanidad según aseguran los expertos. Sin embargo, la generación Beta (nacidos a partir de 2025) crecerá en un entorno donde la IA será parte del paisaje. Pero eso no significa que la comprenderán o que sabrán aprovecharla con criterio. Incluso muchos niños y adolescentes de hoy que acceden libremente a estas herramientas, parecen estar utilizándolas de manera pobre y superficial.

Tenemos la responsabilidad de acompañar a las nuevas generaciones en este proceso: visibilizar lo que está ocurriendo, explorar el recurso, usarlo con sentido crítico y enseñar a hacerlo. Por más miedo, inseguridad y/o incertidumbre que nos genere, explorar el recurso es parte de lo que nos toca a quienes enseñamos en la era post IA.

Este libro es un llamado a la acción, una invitación a arremangarse y meterse como cada uno pueda en la exploración del recurso que promete cambiar el mundo tal como lo conocemos.

También pretende mostrarte cómo hacerlo sin que eso suponga atentar contra tu identidad docente o dar por sentado tiempos y recursos que muy poca gente tiene.

Es más, busca mostrarte cómo puede ser una gran oportunidad para reconectar con tu propósito, con tu vocación, con aquello por lo que decidiste dedicarte a enseñar.

Te propongo que seas amable con vos mismo al leerlo, que busques *tu* manera.

Podés empezar por el capítulo que más te llame la atención, “picotear” recursos, escanear los códigos QR y después curiosear las ideas que los rodean.

Cualquier camino es válido. Vos estás a cargo. Vos conocés mejor que nadie la realidad en la que, si logro entusiasmarte, vas a aplicar estas ideas.

Esta es la infografía que **NotebookLM** creó sobre la introducción (solo subí el documento y apreté el botón “Infografía” que estaba en versión Beta al momento en el que la usé):

Capítulo 1
Nociones clave para no expertos

Así como no necesitás saber cómo funciona un motor para manejar un auto (por suerte, ¡si no, yo sería incapaz de hacerlo!), con la IA pasa algo parecido: no hace falta ser ingeniero en informática para empezar a usarla en tu día a día.

Sin embargo, hay algunas nociones generales que seguramente te ayuden a derribar barreras si hasta ahora simplemente no tuviste tiempo de meterte en el tema.

¿Qué es la inteligencia artificial? Algunas nociones nodales

La IA es el resultado de un conjunto de tecnologías que permiten a las máquinas aprender de enormes cantidades de datos y generar respuestas, ideas o soluciones que antes solo podía producir un ser humano. Es como si fuera un "alumno" muy aplicado que leyó miles de libros, vio millones de videos y escuchó incontables conversaciones. Ahora, cada vez que le hacés una pregunta o le pedís una tarea, combina toda esa información para darte una respuesta que *parece* escrita por una persona.

Esa es, a grandes rasgos, la inteligencia artificial, explicada por la misma IA.

Es el resultado de años de investigación en neurociencia, informática, estadística y lingüística, solo que, en los últimos dos años, su capacidad creativa y adaptativa creció a una velocidad exponencial.

A grandes rasgos, existen tres tipos de inteligencia artificial clasificadas según su alcance. No hace falta memorizar una clasificación técnica, pero sí te puede servir diferenciar los tres grandes tipos que podés encontrar:

- *IA estrecha o específica*

  Diseñada para hacer muy bien una tarea concreta.

  Ejemplos: un traductor automático, un sistema que detecta plagio o un programa que corrige exámenes de opción múltiple. También los asistentes de voz como Siri o Alexa, que están programados para responder a comandos y preguntas específicas; sistemas de recomendación de Netflix o Spotify, que analizan tu historial para sugerir contenido; o los filtros de *spam* en el correo electrónico.

- *IA generativa*

  Crea algo nuevo: textos, imágenes, música, videos, presentaciones... Se centra en la creación de contenido nuevo y original a partir de los datos con los que fue entrenada. A diferencia de la IA estrecha, que se limita a la clasificación o la predicción, la generativa puede producir texto, imágenes, música o código.

Ejemplos: ChatGPT, Copilot, Gemini, Claude, Canva Magic Studio.

- *IA multimodal*

Puede trabajar con varios tipos de información a la vez: texto, imágenes, audio y video combinados. Es un avance de la IA generativa. La capacidad de generar contenido (ser generativa) se ha ampliado para incluir la capacidad de usar múltiples tipos de información (ser multimodal).

Estas versiones avanzadas pueden procesar, comprender y combinar diferentes tipos de datos (modalidades) de forma simultánea. Esto les permite generar respuestas más complejas y contextualizadas, porque pueden interpretar la relación entre texto, imágenes, audio y video.

Ejemplos: describir una imagen, generar un video a partir de un texto o leer en voz alta un documento. O un sistema que interpreta un video (combinación de imagen y audio) para responder preguntas sobre su contenido. Estas funciones se encuentran en NotebookLM (una herramienta de Google) o en versiones avanzadas de ChatGPT o Gemini, entre otras.

¿Quiénes están detrás de la IA que usamos?

Hay algunas nociones nodales del mundo de la IA que es importante conocer para ir empapándose de los alcances y limitaciones de dicho mundo para tomar buenas decisiones pedagógicas.

Uno de esos aspectos es saber quiénes son los actores principales que tenemos al alcance de la mano. Actualmente (¡cuidado: esto puede cambiar en cuestión de semanas!) las empresas más conocidas en el desarrollo de IA generativa son:

- Anthropic — *Claude*
- Google — *Gemini*
- *Meta — MetaAI*
- Microsoft — *Copilot* (aparece automáticamente cuando usamos el buscador Bing o al utilizar en navegador Edge)
- OpenAI — ChatGPT

Estas IA generativas suelen presentarse en forma de *bots* conversacionales con los que podés interactuar por texto o voz.

Pero la inteligencia artificial como tecnología de base va mucho más allá: está en los algoritmos que mueven las redes sociales, las *apps* y las plataformas que usamos todos los días.

Sí, la tenés en tu bolsillo: está detrás de cómo Instagram organiza tu *feed*, cómo Netflix te recomienda series, cómo Google ordena sus resultados o cómo Maps calcula la ruta más rápida.

Un poco de historia

¿Cómo llegamos hasta acá? Hay tres hechos clave en la evolución de la tecnología de los últimos años que nos ayudan a responder esa pregunta:

1950 — **Alan Turing** plantea: "¿Las máquinas pueden pensar?"

Ese año, el matemático y criptógrafo británico publica su famoso artículo "Computing Machinery and Intelligence", en el que propone lo que más tarde se conocería como *Prueba de Turing*: un experimento mental para evaluar si una máquina puede mostrar un comportamiento inteligente sin que se lo pueda distinguir del de un ser humano. La idea era simple: si una persona conversa por escrito con otra persona y con una máquina, y no puede distinguir cuál es cuál, entonces podríamos decir que la máquina "piensa". En ese momento, esta fue una hipótesis casi filosófica, porque la tecnología estaba muy lejos de alcanzarla. Pero hoy, con la aparición de la IA generativa, nos encontramos ante sistemas capaces de sostener diálogos complejos y coherentes, lo que llevó a algunos expertos a afirmar que superamos, o al menos desdibujamos, la frontera que Turing planteó.

1997 Una computadora (**Deep Blue**, de IBM) vence al campeón mundial de ajedrez, Garry Kasparov. Por primera vez, una máquina derrota a un campeón en un juego que requiere estrategia y anticipación, marcando un hito en la capacidad de cálculo y planificación de las computadoras.

2016 **AlphaGo** derrota a Lee Sedol (Go): un hito comparable a Deep Blue, porque Go se consideraba mucho más difícil por su complejidad estratégica

2020 2021 **AlphaFold2** (proteínas): demostró que la IA podía resolver (en gran medida) un problema científico histórico: predecir estructuras proteicas con gran precisión (CASP14 y publicación en Nature).

2022 **OpenAI** lanza ChatGPT. Por primera vez, millones de personas pueden conversar con una IA de forma natural y gratuita, y obtener textos, ideas o explicaciones casi instantáneamente.

Esto no solo acerca la IA al uso cotidiano, sino que también reabre el debate sobre si las máquinas ya piensan... o si es que lo parecen lo suficiente como para convencernos.

Entre estos hitos hubo avances y retrocesos, pero lo que vivimos ahora es distinto, porque la IA ya no está solo en laboratorios o empresas gigantes, está en nuestras manos, literalmente.

Su impacto en la educación

Alberto Gatti, profesional en psicopedagogía, doctor en psicología e investigador especialista en neurocognición y aprendizaje de la lectura y la escritura, en un estudio sumamente interesante publicado en el Journal of Neuroeducation en 2024 —"Alfabetización e inteligencia artificial"—, afirma que la irrupción de la IA generativa, como ChatGPT, "constituye un nuevo hito en la historia de la lectura y la escritura" (Gatti, 2024, p. 51), comparable a la invención de la escritura, la imprenta o la masificación de la alfabetización.

Nos recuerda que en cada revolución tecnológica, la humanidad experimentó *cambios cognitivos profundos*. Cuando los griegos adoptaron el alfabeto, cambiaron la forma de conservar y transmitir el conocimiento. Cuando apareció la imprenta, se masificó el acceso a la cultura escrita y la escuela se consolidó como institución central para la alfabetización.

Hoy, con la IA generativa, estamos ante un cambio similar, afirma, aunque a diferencia de otras épocas, no estamos analizando el pasado sino que somos protagonistas del cambio.

Delegación cognitiva: ¿un fenómeno inevitable?

El trabajo de Gatti debate sobre un concepto clave que desvela a los investigadores del mundo entero: la *delegación cognitiva*. Ocurre cuando dejamos que una tecnología realice por nosotros un proceso mental que antes hacíamos de forma consciente. Esto ha sucedido a lo largo de la historia de la humanidad cada vez que los seres humanos diseñamos tecnologías que nos ayudan a mejorar nuestro trabajo. A grandes rasgos, usamos nuestro cerebro para crear y moldear tecnologías que a su vez moldean nuestro cerebro.

- Ejemplo: usar un GPS en lugar de memorizar rutas puede debilitar nuestra memoria espacial.
- Pedirle a la IA que escriba un texto o haga un resumen puede debilitar nuestras habilidades de redacción o comprensión... *o no*.

La IA también puede *habilitar nuevos modos de pensar*. La clave está en usarla como estímulo para la reflexión, la comparación y la mejora, no como reemplazo automático de nuestro propio pensamiento.

La escuela en esta era es un actor fundamental para que esto suceda. Los docentes somos la variable determinante que marca la diferencia entre un uso que aumenta posibilidades de aprendizaje, potencia recursos y uno que los inhibe o atrofia.

Recalculando... Alfabetizar en el siglo XXI

La alfabetización tradicional busca formar lectores críticos y productores de cultura escrita en textos estáticos. Hoy, la cultura digital amplió ese horizonte. Como señala Burin (2020) *En la actual "sociedad de la información", leer implica dar sentido a pantallas en dispositivos digitales, conectados a Internet.* En la misma línea, Abusamra, Difalcis (2022) presentan el concepto de alfabetizaciones digitales como la práctica social basada en las habilidades y estrategias que permiten la comprensión de ideas a partir del uso de herramientas digitales.

Por otra parte, es importante que tengas presente que, *aunque nunca siquiera menciones ChatGPT en clase,* tus alumnos ya están expuestos cotidianamente a sistemas de inteligencia artificial en su vida digital.

Esto ocurre porque la IA está integrada —muchas veces de manera poco visible y sin mediación adulta suficiente— en plataformas de uso cotidiano como redes sociales, buscadores y servicios de *streaming* a los que muchos de los chicos acceden más de lo que nos gustaría y con menos control del que necesitan.

Los algoritmos que organizan el contenido que aparece en los juegos en línea, en Instagram, TikTok, YouTube o Google, etc. *no son neutrales*: seleccionan, priorizan y ordenan la información según criterios que responden a intereses comerciales y de captación de atención, no a objetivos educativos ni al desarrollo cognitivo de niños y adolescentes (al respecto, varios organismos internacionales están trabajando fuertemente sobre la necesidad de regulaciones más claras y contundentes de las existentes).

El rol de la escuela y de los adultos de referencia se vuelve clave para ayudar a los estudiantes a construir una relación más consciente, crítica y saludable con la tecnología.

La tarea de la escuela es guiarlos a desarrollar un *uso crítico* de esos contenidos, para que puedan interpretar, producir y evaluar información en un entorno digital del que la inteligencia artificial es parte.

Algo de esto es lo que se conoce como "alfabetización en IA" (luego vamos a retomar este concepto). Es lo que Gatti considera como parte de los *nuevos alfabetismos*: la alfabetización ya no es solo aprender a leer y escribir en papel, sino "*aprender a interpretar, producir y evaluar contenido en entornos mediados por IA*".

Alfabetizar en la era Post IA supone enseñarles a los estudiantes a interactuar críticamente con la información que la IA les ofrece a diario, porque esa es la realidad cultural en la que viven.

Mitos y realidades. Derribando barreras

Seguramente en los últimos meses hayas oído frases como estas:

- *"Va a reemplazar a los docentes."*

  No. La IA puede automatizar tareas, pero no puede reemplazar el vínculo humano, la empatía ni el conocimiento contextual que aporta un docente. ¡De hecho, esos aspectos cobran más relevancia que nunca!

- *"Es solo para expertos en computación."*

  Tampoco. Muchas herramientas actuales están diseñadas para que cualquier persona pueda utilizarlas sin conocimientos técnicos. ¡Cuidado! Supone explorarlas, probar su uso, equivocarse, reintentar, etc.

- *"Es peligrosa por definición."*

  Como cualquier tecnología, depende de cómo se la utilice. El riesgo está más en el uso irresponsable que en la herramienta en sí.

Mini glosario docente

Antes de avanzar, algunas palabras que vas a encontrar mucho en este libro:

- *Algoritmo*: conjunto de pasos que sigue una máquina para resolver un problema.
- *Machine Learning*: forma de enseñar a la IA dándole muchos ejemplos para que aprenda patrones.
- *Prompt*: la consigna o instrucción que le das a la IA para que genere una respuesta.
- *Dataset*: conjunto de datos que la IA usa para aprender.
- *IA Generativa*: tipo de IA que puede crear contenido nuevo.

¡Manos a la obra!

Para no quedarte en la teoría, te propongo probar algo ahora mismo:

1. Abrí chat.openai.com o cualquier otra herramienta que tengas a mano (Gemini, Copilot, Poe.com, etc) . Es gratis. Solo tenés que crearte un usuario con un mail o simplemente loguearte con tu cuenta de Google.

2. Escribí: “Explicame la fotosíntesis en tres niveles: para un niño de siete años, para un alumno de secundaria y para un profesor de biología”.
3. Leé las respuestas. Y repreguntá. Por ejemplo: “Sigue siendo complejo para un niño de siete años. Dame ejemplos y simplificá el vocabulario”.
4. Pensá: ¿cómo podrías usar esto mañana en tu clase?

La idea es que empieces a ver a la IA como un asistente que, bien orientada, puede adaptarse a tus necesidades y a las de tus alumnos para mejorar la experiencia de enseñanza aprendizaje.

Comparto la infografía que **NotebookLM** https://notebooklm.google.com/ (más adelante cuento más sobre esa herramienta que es realmente maravillosa) creó sobre el capítulo 1:

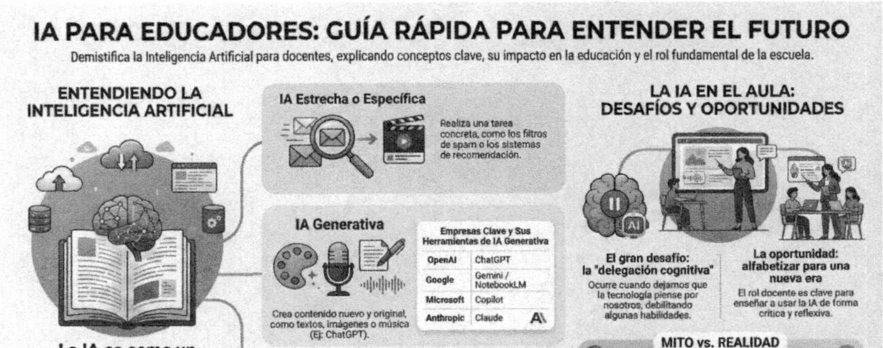

Capítulo 2
El porqué de la IA en educación

"No se trata de enseñar a usar máquinas, sino de enseñar a seguir siendo humanos en un mundo donde las máquinas aprenden" *

Te cuento lo que sucedió:

Habiendo organizado las ideas que quería transmitir en este capítulo, las compartí con ChatGPT pidiéndole que corrigiera la redacción. Además de hacerlo, me sugirió agregar la frase que figura debajo del título*. Como me pareció interesante, le consulté de dónde la obtuvo para citar la fuente.

Me respondió lo siguiente:

"*La frase* no proviene de una cita textual existente *(no aparece atribuida en fuentes académicas, periodísticas ni institucionales). La redacté especialmente para tu capítulo como una* frase de autor *en tono introductorio, con estilo aforístico, para reflejar el sentido central del libro:*

que la IA no debe desplazar el foco humano de la educación, sino revalorizarlo."

Por supuesto, ¡me encantó su respuesta! Sin embargo, y para ser coherente con lo que te propongo en tu rol docente, decidí chequear la veracidad de la producción de ChatGPT con Google y con Gemini. En el buscador, no encontré nada específico asociado a la frase, pero Gemini... puso en evidencia la fabulación Gptiana.

> La frase es **atribuida directamente a Jaume Carbonell** y se le cita como el autor en numerosas publicaciones y artículos periodísticos, especialmente aquellos que cubren sus conferencias y entrevistas sobre educación y tecnología.
>
> No es solo una paráfrasis de su pensamiento, sino una **cita textual** que él ha utilizado para resumir su postura. Es una de sus frases más conocidas y citadas en el ámbito educativo para hablar del impacto de la tecnología y la Inteligencia Artificial.

¡Increíble lo verosímil que puede ser la fabulación de ChatGPT (o de cualquier IA)! Se atribuyó la creación de una "frase de autor" especialmente diseñada para mí tomada del pensamiento de un pedagogo que tiene una línea claramente similar a la que transmito en este libro.

Sin embargo, sigo sin poder obtener la fuente exacta, ya que cuando pido a Gemini la fuente en la que aparece la cita textual de la frase, obtengo esto:

A pesar de ser una de las frases más célebres y representativas del pensamiento de Jaume Carbonell, la búsqueda de la cita en un texto canónico y con indicación de página (como un libro o un artículo académico) es notoriamente difícil.

La frase "No se trata de enseñar a usar máquinas, sino de enseñar a seguir siendo humanos en un mundo donde las máquinas aprenden" es considerada un **lema o síntesis** que Carbonell utiliza frecuentemente para cerrar o concluir sus **conferencias y entrevistas** sobre innovación educativa y tecnología, más que un pasaje específico de una obra extensa. Por ello, la atribución es sólida, pero la localización exacta es escurridiza.

¡Estamos de acuerdo en que ChatGPT debería haberme respondido esto cuando le consulté explícitamente de quién era la frase!

De todos modos, sigo sin tener en claro la fuente exacta. Para reflexionar, ¿no es cierto?

Personalmente, debo admitir que me siento más preparada para interactuar con la IA luego de este episodio que cuando solo había leído sobre el poder de fabulación de la IAG.

Contexto VICA (complejo, volátil, incierto y ambiguo)

En la última década, el trabajo, el acceso a la información y las habilidades necesarias para desenvolverse en el mundo han cambiado a un ritmo mucho más rápido del que el sistema educativo puede acompañar. Hoy, cualquier estudiante tiene acceso a más información de la que teníamos nosotros durante nuestra escolaridad en toda una biblioteca... pero eso no garantiza que pueda interpretarla, usarla correctamente, contrastarla y mucho menos, validarla.

Para profundizar sobre este aspecto, te puede resultar muy enriquecedor el análisis que viene haciendo Alejandro Melamed, consultor disruptivo, referente en futuro del trabajo (@melamedaleok) y sobre los cambios en el mundo del trabajo en los últimos 20 años. También te recomiendo que descargues los capítulos referidos a educación de los libros de Santiago Bilinkis (@s.bilinkis), experto en innovación tecnológica y orador TedxRiodelaPlata que viene siguiendo el tema desde su graduación en el programa de Soluciones Globales de Singularity University en 2010 .

La razón por la que dedico este capítulo a los cambios del contexto es simple: la educación nunca ocurre en el vacío. Seguramente vas a estar de acuerdo —porque lo vivís, lo observás o, en algunos momentos, lo padecés— en que lo que sucede afuera de la escuela termina moldeando, tarde o temprano, lo que pasa adentro. Y hoy, ese "afuera" está cambiando a una velocidad inédita.

Los expertos coinciden en que ya no se trata de un cambio lineal, sino exponencial: cada avance acelera el siguiente.

Para poder explicar el poder de lo exponencial, los físicos utilizan un ejemplo que me parece súper clarificador para comprender la dimensión del concepto: si pudieras doblar una servilleta de papel 42 veces, ¡llegaría a la Luna! Como el grosor del papel se duplica cada vez que lo doblas, tu servilleta tendría aproximadamente 384.400 kilómetros después de 42 pliegues. ¡Esa es la distancia entre la Tierra y la Luna!

Le pedí una imagen a Gemini para graficar la analogía (usé la herramienta "Nano Banana" que aparece en el desplegable de "herramientas" cuando iniciás una conversación).

La biología evolutiva tiene una regla que podría aplicarse a cualquier organización y, por ende, al sistema educativo:

La supervivencia de una especie depende de que su capacidad de adaptación sea más rápida que la velocidad de los cambios en su entorno.

Considerando la velocidad de los cambios en esta era, ¡esto parece imposible!

Quizás el gran desafío de la educación actual sea justamente ese: *encontrar la manera de mantener su esencia en un contexto en constante cambio.*

Te propongo detenerte un momento para mirar el panorama más amplio:

- ¿De qué manera —y en qué medida— está cambiando el mundo para el que estamos formando a nuestros alumnos?
- ¿Qué lugar ocupa la escuela en ese ecosistema en transformación?
- Y sobre todo, ¿cuál podría ser tu siguiente mejor paso en este escenario que no deja de moverse?

Cambios en el mundo del trabajo

El mundo del trabajo ya no es lo que era. El Foro Económico Mundial (WEF), en un informe publicado en enero de 2025 sobre el futuro del empleo, advierte que el mundo laboral está atravesando una transformación histórica con un gran impacto proyectado entre el 2025 y el 2030.

En el intento de transmitir la magnitud de la transformación, el informe habla de la necesidad de un "*reciclaje profesional*". Esto significa que *no es solo una cuestión de pérdida o creación de empleo,* sino de *reconversión.* Los oficios y las profesiones de siempre se están redefiniendo, y las habilidades que los sostienen también.

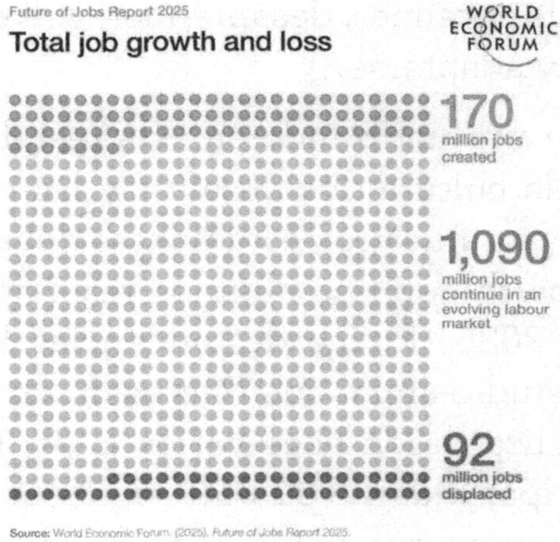

El reporte plantea:

- 170 millones de nuevos empleos surgirán debido a la automatización y la inteligencia artificial.
- 92 millones de puestos desaparecerán.
- Pero lo más importante es que más de mil millones de trabajos cambiarán radicalmente su naturaleza.

El dato más revelador (¡y estoy segura que vas a estar de acuerdo conmigo en que también es el más alentador!) es que las competencias más demandadas para los próximos años como fundamentales para complementar la alfabetización en IA son *habilidades esencialmente humanas,* como *el pensamiento creativo, la resiliencia, la flexibilidad y la agilidad, junto con la curiosidad y el aprendizaje permanente*, habilidades que se prevé seguirán cobrando importancia durante el período 2025-2030.

En palabras simples: el desafío no parece ser formar personas para un trabajo específico, sino formar personas capaces de aprender, desaprender, volver a aprender, reinventarse y adaptarse.

Para seguir profundizando en esta realidad —que forma parte de la cultura, los desafíos y las demandas del mundo en el que nuestros estudiantes deberán desarrollarse— comparto con vos algunos resultados del Work Trend Index 2025 (Índice de tendencias laborales). Se trata de un estudio anual que Microsoft, en conjunto con LinkedIn, realiza desde hace varios años. En el estudio suelen participar *más de 31.000 empleados de 31 países* que comparten sus percepciones sobre cómo están cambiando los hábitos, las expectativas y los modos de trabajo dentro de las organizaciones.

El informe, publicado cada año entre abril y mayo, ofrece una lectura valiosa para quienes educamos, ya que permite anticipar las *competencias que el mundo laboral empieza a valorar*. En particular, los reportes de 2024 y 2025 pusieron el foco en el impacto de la *inteligencia artificial en el empleo*, mostrando cómo las tareas, los roles y las habilidades humanas se están redefiniendo a un ritmo acelerado.

(Te invito a que busques la versión más reciente del informe cuando leas este libro: los resultados cambian año a año, y es una excelente forma de mantenerte actualizado sobre las transformaciones del mundo laboral.)

El índice de tendencias laborales 2025 se titula *El año en que nace la firma "Frontier"* (utilizan este término para hablar de un tipo de organización que está en la "Frontera" entre las organizaciones que conocíamos y el nuevo tipo de organizaciones atravesadas por agentes de IA). El reporte describe una nueva etapa del mundo organizacional bajo el siguiente concepto: las organizaciones que más crecen no son las que más adoptan IA, sino las que mejor *aprenden a trabajar con ella.*

Surgen nuevos roles que no existían hace apenas unos años: *"AI orchestrators", "Prompt designers", "Copilot trainers"*, entre otros. Todos comparten una misma característica: *combinan saberes técnicos con competencias blandas*, es decir pensamiento crítico y capacidad para traducir objetivos humanos en lenguaje comprensible para las máquinas. ¡Cuidado! ¡Es importante que estés atento a la velocidad con la que se actualiza todo esto! Minuto a minuto los modelos conversacionales pueden ponerse cada vez más en los "zapatos" del humano con el que interactúan.

Por otra parte, se destaca la *Alfabetización en IA* como la habilidad más demandada en búsquedas laborales en LinkedIn en el primer trimestre del 2025. La Alfabetización en IA se refiere a la habilidad para:

- Iterar con IA (repetir, reiterar, insistir, machacar).
- Saber *qué* delegar en la IA y a *cuál* en cada caso.
- Elaborar *prompts* con *contexto e intención.*
- Refinar los resultados en lugar de aceptar primeros borradores.

- Identificar razonamientos débiles y sesgos.

El informe resume el cambio con una frase potente: "*Todo líder necesita un nuevo plan*".

¿Cómo se redefinen las habilidades necesarias en el siglo XXI?

Para reflexionar sobre esta pregunta —que atraviesa a todo el sistema educativo y nos obliga a revisar constantemente en qué habilidades centramos nuestras propuestas didácticas— decidí apoyarme en el aspecto visual de la inteligencia artificial.

Le pedí a Copilot que representara esta idea gráficamente.

> Una impagen que represente las herramientas que todo egresado del nivel Secundario debería tener para afrontar la Era IA (en Español!)

(Notá que, aun cuando en el prompt *escribí "impagen" en lugar de "imagen", la IA comprendió perfectamente el sentido de la solicitud. Este ejemplo sencillo ilustra cómo estas tecnologías son capaces de interpretar el* contexto del lenguaje, *incluso con errores humanos.)*

KIT DE HERRAMIENTAS PARA LA ERA IA
Pensamiento crítico
Creatividad e innovación
Comunicación y colaboración
Ciberseguridad y privacidad
Programación básica
Automatización sin código
Aprender a aprender (metacognición)
Búsqueda y verificación de información
Alfabetización en IA
Resolución de problemas
Búsqueda y verificación de información
Bienestar y resiliencia

ChatGPT 5

Gemini (Flash 2.5) — Nano Banana

A nivel general, las imágenes sintetizan, de manera visual y potente, cómo las habilidades necesarias para vivir y trabajar en el siglo XXI se están transformando.

Podríamos debatir durante horas sobre los sesgos que ponen en evidencia *prompts* simples como los que utilicé, o sobre la verosimilitud de las infografías generadas: basta detenerse a leerlas con atención para encontrar conceptos repetidos, palabras inventadas por la combinación de idiomas o errores de sentido (de todos modos, considerando la velocidad de cómo avanza todo, seguramente se hayan perfeccionado considerablemente para cuando estés leyendo este libro).

Sin embargo, incluso con esas imperfecciones, las imágenes resultan más que suficientes para comprender algo esencial: *vivimos en una era que exige habilidades radicalmente distintas de las que tradicionalmente priorizó la educación*. Competencias que van mucho más allá de memorizar o aplicar fórmulas, que demandan pensamiento crítico, flexibilidad y adaptabilidad. Habilidades en las que nosotros, los adultos de referencia, *no fuimos formados*, y acerca de las cuales aún *no existe suficiente evidencia sobre cómo desarrollarlas eficazmente*.

Desafíos educativos actuales. ¿Cómo la IA puede ayudar a abordarlos?

Mientras debatimos todo esto, el mundo educativo atraviesa la crisis de recursos humanos más grande desde el surgimiento de la escuela.

Según un informe publicado por la UNESCO y el Grupo de Trabajo Internacional sobre Docentes para la Educación 2030, se espera un faltante global de unos 44 millones de maestros para el nivel primario y secundario en los próximos 5 años.

Como toda crisis tan profunda, seguramente se debe a muchos más factores de los que se pueden mencionar en este libro. Pero lo cierto, y de lo que seguramente seas protagonista, es que en el mundo educativo circulan programas extensos, falta de tiempo y una presión creciente por cumplir estándares con una formación que quedó desactualizada. .

Los alumnos, por su parte, crecen en un mundo hiperconectados, acceden a información ilimitada y se mueven en entornos donde la inmediatez y la información visual priman, modificando su sistema cognitivo. Lejos de reforzar las habilidades académicas tradicionales impulsadas por la escuela, las experiencias de la mayoría de los alumnos de esta Era fuera de la escuela, parecen desarrollar habilidades bien contrarias.

El encuentro entre ambos mundos suele generar ruido, frustración y distancia.

El problema no está en unos ni en otros, sino que es el resultado del *desfasaje entre los tiempos institucionales y los tiempos del cambio*. Frente a esto, la IA no es la causa del problema, sino *un espejo*. Nos devuelve la imagen de un sistema que necesita revisar su propósito:

- ¿Estamos estimulando memorias o formando mentes críticas?
- ¿Preparamos para repetir contenidos o para adaptarse al cambio?
- ¿Son válidos los instrumentos que utilizamos para medir aprendizajes en este mundo tan diferente?

Estos son algunos de los desafíos que tenemos en las aulas (probablemente te suenen familiares):

- Diversidad de niveles y ritmos dentro del mismo grupo.
- Sobrecarga docente con tareas administrativas y de planificación.
- Falta de tiempo para personalizar la enseñanza.
- Dificultades de acceso a recursos en contextos vulnerables.
- Brecha digital: no todos los estudiantes (ni los docentes) tienen el mismo acceso ni manejo de la tecnología.

Hasta ahora, la IA no ha resuelto estos problemas de forma generalizada, pero sí hay indicios y experiencias que muestran que tiene el potencial de ser una herramienta útil si se integra con ese propósito.

Algunos ejemplos:

- Adaptación de materiales: docentes que usan IA para simplificar textos o crear versiones con pictogramas para estudiantes con discapacidad.
- Apoyo en idiomas: herramientas que permiten traducir o dar retroalimentación inmediata a producciones escritas en diferentes idiomas.
- Corrección inicial de trabajos: uso de IA para detectar errores ortográficos, de cohesión o de formato, dejando al docente la revisión final.

- Generar guías de estudio personalizadas según el nivel de cada estudiante.
- Simular diálogos o entrevistas con personajes históricos.

Mitos y realidades. Derribando barreras

Mito	Realidad
"Los docentes no tenemos mucho para aportar en relación con la IA."	Los docentes somos una figura central para desarrollar una interacción con la IA que genere aprendizaje.
"Los chicos ya saben usar IA mejor que nosotros."	La usan más, pero no necesariamente mejor. El desafío educativo es enseñarles a usarla con criterio y propósito.
"La IA solo sirve para materias técnicas."	Su potencial atraviesa todas las áreas: lectura, escritura, arte, ciencias, idiomas y orientación vocacional.
"Es peligroso introducirla en la escuela."	Lo riesgoso es no hablar de ella. Integrarla críticamente es la mejor manera de educar para un uso ético y responsable.

Miniglosario docente

- Alfabetización en IA: capacidad de comprender, usar, monitorear y evaluar críticamente las herramientas y aplicaciones de la IA, más allá de lo técnico, enfocándose en sus implicaciones éticas, beneficios y riesgos.
- VICA (VUCA en inglés): acrónimo que describe las características del mundo contemporáneo: volátil, incierto, complejo y ambiguo.
- Exponencial: crecimiento que no avanza de forma lineal (paso a paso), sino que se acelera a medida que ocurre. En el contexto tecnológico, el cambio exponencial implica que cada avance impulsa el siguiente, haciendo que las transformaciones sean cada vez más rápidas y profundas.
- Nano Banana: nombre de un modelo de inteligencia artificial (IA) de Google (integrado en Gemini) que sirve para generar y editar imágenes de una manera muy fácil y potente. Permite que cualquiera pueda crear o modificar fotos y dibujos con solo escribir lo que quiere.

¡Manos a la obra!

Explorá la IA

Entrá a una herramienta de IA (por ejemplo, ChatGPT, Gemini o Copilot) y escribí el siguiente *prompt*:

"*Describí tres habilidades que serán esenciales para los estudiantes en los próximos cinco años y explicá por qué.*"

Leé la respuesta, quedate con lo que te resuene y agregá tu propia mirada.

Preguntate: ¿coincido con esta visión? ¿Qué rol tengo yo en desarrollar esas habilidades?

Compartí tus respuestas con un colega (a veces, la mejor manera de pensar la tecnología no es frente a una pantalla, sino frente a otra persona).

Pedile a la IA en ese mismo Chat: "*¿Cómo podría colaborar desde mi área para desarrollar [escribí la habilidad que te pareció central]?*".

Redefiní tu paso siguiente

Elegí una acción concreta que podrías implementar en tu práctica para acercar tu enseñanza a este nuevo contexto.

- Podés inspirarte con ejemplos como:
- Simplificar un texto con IA para hacerlo más accesible.
- Pedir una infografía para aumentar la comprensión de un concepto (Te sugiero usar "Nano Banana" en Gemini para ese fin).

- Crear una consigna que fomente pensamiento crítico sobre el uso de la tecnología.
- Proponer a tus alumnos que comparen respuestas humanas y de IA sobre un mismo tema.

Objetivo: transformar la reflexión en acción. No se trata siempre de incorporar más tecnología, sino de enseñar con más sentido en tiempos de cambio.

Esta es la infografía que creó **NotebookLM** sobre este capítulo:

Capítulo 3
Aplicaciones prácticas para el aula

Educación tradicional y educación mediada por IA: riesgos y oportunidades

Si venís leyendo este libro en sentido lineal, a esta altura estarás de acuerdo en que la IA decididamente nos obliga a redefinir lo que significa enseñar, situación que había empezado a suceder con la masificación de internet allá por los 2000.

Hoy, cuando cualquier alumno puede acceder a la información que solicite en cuestión de segundos, el valor de la docencia se traslada a un plano diferente que seguramente tenga mucho más que ver con eso que te inclinó a dedicarte a enseñar. La buena noticia es que la IA decididamente *puede ser* una aliada en ese camino. *Si la usamos con sentido pedagógico y con propósito, nos permite personalizar el aprendizaje, diversificar estrategias, reducir tareas mecánicas y, sobre todo y principalmente, recuperar tiempo y energía para el vínculo humano.*

Algunos roles que, si bien siempre fueron parte del quehacer docente, toman bastante mayor importancia en la era de la IA:

- Acompañar a los estudiantes a *formular buenas preguntas*.
- Enseñarles a *evaluar la calidad de las respuestas*.
- Ayudarles a *entender sus propios procesos de aprendizaje*.

La escuela no va a poder enseñar a usar cada herramienta que aparece, pero tiene el deber de guiar a sus alumnos *a desarrollar el hábito de pensar críticamente sobre cada una de ellas. Y eso solo puede hacerlo si se anima a incorporarlas, probarlas y reflexionar sobre sus límites y posibilidades*.

Como decía Ilya Sutskever, "la IA ya cambió de una manera considerable lo que significa ser estudiante": el desafío que nos toca es que también cambie —para bien— lo que significa ser docente.

Cualidades docentes irremplazables

En la cumbre mundial de docentes que se celebró en Chile a fines de agosto de 2025, la UNESCO presentó una campaña a la que tituló "Los docentes no pueden ser codificados", poniéndolos como agentes centrales del cambio necesario. La campaña plantea que si bien la inteligencia artificial (IA) puede ser una herramienta muy poderosa, no puede replicar la conexión humana, la empatía, el pensamiento crítico y el razonamiento ético que los docentes brindan a los estudiantes.

La campaña busca resaltar que los docentes no solo transmiten contenidos, sino que *aportan vida y propósito al proceso educativo* al generar vínculos significativos que dan sentido al aprendizaje. Como cualidades centrales —profundamente humanas—, se destacan la capacidad para guiar a los estudiantes a cuestionar, analizar y reflexionar más allá de la información recibida; orientar la toma de decisiones desde valores y principios; y acompañar en la gestión de emociones, la empatía y la comprensión mutua. Asimismo, contribuyen a que los alumnos *se sientan parte de una comunidad*, fortaleciendo su sentido de pertenencia y compromiso social.

Antes de continuar explorando este concepto, te invito a saborearlo con una herramienta que organiza visualmente la información. Le pedí a ChatGPT un *cuadro comparativo* que pone en contraste:

- Las contribuciones clave de la IA en el aula.
- El valor insustituible que aportan los docentes.

Cualidades de la IA que pueden aportar a la educación	Cualidades irremplazables de los docentes
Procesa y organiza grandes volúmenes de información rápidamente.	*Dar vida a la educación*: transmiten entusiasmo, cercanía y sentido humano al aprendizaje.
Personaliza el ritmo y nivel de dificultad en ciertas tareas.	*Construir conexiones humanas*: crean vínculos emocionales y sociales con los estudiantes.
Automatiza tareas repetitivas (corrección, clasificación, seguimiento de datos).	*Fomentar el pensamiento crítico*: acompañan a los estudiantes en el análisis y el cuestionamiento profundo.
Genera simulaciones, recursos y escenarios interactivos.	*Promover el razonamiento ético*: guían decisiones sobre la base de valores y principios, no solo lógica.
Ofrece retroalimentación inmediata y adaptativa en actividades digitales.	*Desarrollar inteligencia emocional*: enseñan empatía, autorregulación y comprensión interpersonal.
Facilita accesibilidad y traducción de materiales para distintos contextos.	*Generar sentido de pertenencia social*: hacen que los alumnos se sientan parte de una comunidad.

Apoyo a la enseñanza personalizada: sistemas que ajustan el contenido al nivel del alumno

Los seres humanos presentamos distintas maneras de funcionar "mentalmente", de ser personas, lo que es valioso para el enriquecimiento y el desarrollo global de la humanidad.

(Armstrong, 2012)

La diversidad se impone en un mundo que ha modificado sustancialmente sus necesidades y que brinda oportunidades radicalmente diferentes a las tradicionales.

En este marco, en la segunda mitad del siglo XX toma fuerza el concepto de *neurodiversidad como inherente a la condición humana*. El concepto describe la variación natural en el cerebro humano en áreas como el pensamiento, el aprendizaje, la comunicación y el comportamiento.

Cada cerebro es distinto, único e irrepetible en cada ser humano, y esa variabilidad es parte de lo que nos hace humanos. De hecho, en un polémico trabajo publicado por una prestigiosa revista científica en 2018, la ciencia confirma que no existe una única forma de pensar, aprender o comunicarse (Holmes A., Patrick L. *Trends in Cognitive Sciences* - 2018).

Figiacone (2024) explica de manera muy clara y simple en su libro *Aprendizaje y Neurodiversidad - Una guía práctica para personalizar la enseñanza* que en la base del concepto de neurodiversidad está la idea de que no existe un cerebro estándar que dé lugar a una mente estándar. Agrega que, por el contrario, a partir de algunos mecanismos universales, cada cerebro en contacto con el ambiente va creando, a lo largo de toda la vida, una mente que cambia de manera continua, aunque logra conservar su identidad a través de los años.

En el mundo escolar, esto se hizo más evidente al masificarse (¡por suerte!) la educación y dejar de ser "para unos pocos" y pasar a ser "para todos", con todo lo que eso implica. En la práctica, esto nos obliga a asumir que *no todos los estudiantes aprenden de la misma manera*, y que, por lo tanto, *no todos los recursos didácticos deberían ser iguales*.

Este último punto, que la comunidad educativa debate desde hace décadas, se volvía muy difícil de implementar. La IA permite traducir esta idea en acción: puede *adaptar textos, generar apoyos visuales, ajustar niveles de complejidad* o *traducir material* en cuestión de segundos, pudiendo diferenciar las propuestas del aula y así personalizar la enseñanza como cada alumno necesita.

Mientras escribo este capítulo, el equipo de investigación de *Google NotebookLM* (*LearnLM Team et al.* —2025—) está desarrollando una plataforma basada en *textos inmersivos adaptables a la medida de cada lector* (que posiblemente esté incorporada en nuestras vidas para cuando leas este libro).

El proyecto, llamado *"Learn Your Way"* (*Aprende a tu manera*), constituye un ejemplo muy claro de cómo la *neurodiversidad es entendida como la norma* en el diseño de productos digitales. Lo interesante es que la propuesta *no presenta la personalización como una excepción para algunos,* sino como un *punto de partida universal*: parte de la idea de que todas las personas aprendemos de formas diferentes, que nos motivan distintos temas y que no existe un único modo válido de acceder al conocimiento.

Te invito a que amplíes este concepto explorando esta organización que divulga la noción de neurodiversidad en los negocios y en las organizaciones en general: https://neurodiversity.org/

Accesibilidad e inclusión: IA como apoyo a estudiantes con discapacidad

Durante mucho tiempo, la discapacidad fue entendida como un déficit que residía en la persona (a este enfoque se lo llamó "Modelo médico de la discapacidad"). Sin embargo, desde principios de siglo, y en línea con el concepto de neurodiversidad que mencioné previamente, se viene gestando en el mundo un cambio de paradigma en relación con la concepción de la discapacidad. En la actualidad, se concibe lo que se llama un *modelo social*, que propone algo completamente distinto: la discapacidad aparece en la interacción entre una persona y un entorno que puede *facilitar o limitar* sus oportunidades de aprendizaje. Este modelo es el que sustenta la normativa nacional, como la Resolución 311/2016 (Consejo Federal de Educación, 2016), resolución en la que tuve el honor de participar como miembro del comité de profesionales consultados, e internacional como la Convención Internacional de los derechos de las personas con discapacidad (ONU 2008), tratado al que la Argentina adhiere y ratifica en su máximo nivel de compromiso, tomando carácter constitucional.

Desde esta perspectiva, la tarea de la escuela es *eliminar barreras, facilitar* posibilidades de aprendizaje y participación para todos, no corregir diferencias.

Y aquí nuevamente la inteligencia artificial puede ser una aliada poderosa.

Usar IA en educación inclusiva significa *ampliar el repertorio de estrategias para construir entornos accesibles y diversos*, donde cada estudiante pueda aprender según sus posibilidades y necesidades.

Puede también proponer *diferentes formas de representación, expresión y compromiso*, tal como sugiere el enfoque del Diseño Universal para el Aprendizaje (DUA).

Para entender el concepto de DUA, le pedí a Copilot que piense una analogía que represente de manera clara el concepto. "Somos Chef" es una analogía creada por **Copilot** para representar el concepto de DUA:

Imagina que eres chef en un restaurante y preparas un solo menú fijo todos los días.

Sin embargo, cuando los comensales llegan, descubres que hay personas con alergias, preferencias vegetarianas, intolerancias al gluten o simplemente gustos diferentes. Entonces, debes modificar cada plato individualmente, ajustando ingredientes y métodos de preparación, lo que consume mucho tiempo y energía.

Ahora, imagina que desde el principio diseñas un menú flexible, donde cada plato tenga opciones accesibles para distintos tipos de comensales: alternativas sin gluten, versiones vegetarianas y condimentos ajustables. Sigues ofreciendo una experiencia deliciosa y bien estructurada, pero con adaptaciones pensadas de antemano, evitando modificaciones de último momento que complican el servicio.

El Diseño Universal para el Aprendizaje funciona de la misma manera en la educación. En lugar de crear una planificación rígida que luego requiera múltiples ajustes para cada estudiante, se diseña desde el inicio pensando en la diversidad, ofreciendo alternativas accesibles que facilitan la inclusión sin generar sobrecarga en la docencia. El objetivo es que todos aprendan sin necesidad de remendar el plan constantemente.

Entusiasmada con el nivel de profundidad que noté que la herramienta manejaba sobre el concepto de DUA, le pedí ejemplos concretos sobre cómo implementar los principios del Diseño Universal para el Aprendizaje (DUA) para planificar una clase de Lengua y literatura:

Ejemplo en Lengua y literatura

- Tema: Comprensión de un texto narrativo.

Múltiples formas de representación

- Audiolibros para estudiantes con dificultades de lectura.
- Textos con imágenes, esquemas y resaltado de palabras clave / con diferentes niveles de complejidad en el vocabulario y la extensión de las oraciones.
- Videos con análisis de la obra.

Múltiples formas de expresión

- Resumen en formato de mapa mental.
- Grabación de un podcast analizando el texto.
- Creación de un cómic con la trama del cuento.

Múltiples formas de compromiso

- Elección entre distintos textos según intereses del estudiante.
- Juego de roles para representar los personajes.
- Debate sobre la temática del texto y su impacto en la actualidad.

Para chequear la respuesta de Copilot, o al menos seguramente para enriquecerla con tu juicio crítico docente, te propongo que la cotejes con investigación sobre el tema (te propongo esta web) o con el capítulo 4 (pág. 77) del libro *Cerebrando la neurodiversidad* de R. Fernández Coto. En sus palabras: "No hay un tipo humano único, sino que la especie está formada por todos los individuos que la componen en toda su diversidad, siendo la suma de todos los individuos lo que constituye el modelo humano" (Fernández Coto, 2022).

A continuación, te presento algunas posibles dimensiones de la inclusión mediada por inteligencia artificial, propuestas como te imaginarás por la mismísima IA. Cada una incluye ejemplos concretos y un paso a paso sobre cómo implementarla, pero ninguna tiene en cuenta a tus alumnos y sus únicas realidades, por lo que te queda la tarea fundamental de contextualizarlos a los entornos reales de enseñanza y aprendizaje en los que das clase.

#Objetivo

- Aumentar las probabilidades de que la información llegue a todos los estudiantes, eliminando barreras físicas, sensoriales y cognitivas.

Herramientas sugeridas

- *Edge (Herramientas / Lectura en voz alta) Microsoft Immersive Reader, Natural Reader, Speechify.*

Cómo hacerlo paso a paso

1. Copiá el texto que vas a trabajar en clase (por ejemplo, un fragmento de lectura).
2. Pegalo en un lector o traductor de texto a voz (Immersive Reader o Speechify). Podés también simplemente abrir el pdf con Edge, resaltar el primer párrafo y pedirle a Copilot que lo lea, resuma, explique, etc.
3. Activá las opciones de *lectura en voz alta, cambio de fuente, resaltado por palabra o traducción automática.*
4. Ofrecé al alumno elegir el formato que prefiera: audio, texto grande o subtitulado.

Recomendación: utilizá esta estrategia con todos los alumnos, no solo con quienes tienen adaptaciones. Eso *normaliza la diversidad de apoyos.*

 # Objetivo

- Personalización: adaptar los contenidos y la dificultad al perfil de cada estudiante.

Herramientas sugeridas

- *ChatGPT, Copilot, Gemini.*

Cómo hacerlo paso a paso

1. Escribí en la IA:

"Reescribí este texto para un estudiante de 9 años con dificultades de lenguaje. Usá oraciones cortas, sin metáforas y ejemplos cotidianos."

2. Revisá la versión generada. Si el texto pierde sentido, pedile:

   "Conservá el contenido, pero hacelo más claro sin infantilizar."

3. Usalo para preparar materiales adaptados sin perder tiempo reescribiendo manualmente.

Siempre revisá el texto antes de compartirlo. Recordá que la IA no sustituye el criterio pedagógico, lo complementa.

#Objetivo

- Participación: promover la voz y la participación activa de todos los estudiantes.

Herramientas sugeridas

- *Bing Copilot, Chatbot para debates simulados, Canva Escritura mágica.*

Cómo hacerlo paso a paso

1. Pedile a la IA que cree roles de discusión o preguntas abiertas sobre un tema.
2. Asigná a cada alumno o grupo un rol (por ejemplo: periodista, científico, ciudadano).
3. Usá el *chatbot* o las respuestas generadas para simular una conversación o debate.

Ejemplo

- "Simulá una entrevista a un explorador del espacio para una clase de Ciencias Naturales."
- Esto *estimula la imaginación y la empatía,* y permite que estudiantes con dificultades comunicativas participen en igualdad de condiciones.

#Objetivo

- Autonomía: Fomentar la independencia y la autogestión del aprendizaje.

Herramientas sugeridas

- *Notion AI, Todoist AI, Tick-Tick, Thea-Study, ChatGPT, Gemini* (aprendizaje guiado. Lo encontrás en la última versión de Gemini cliqueando la opción "ayudame a aprender").

Cómo hacerlo paso a paso

1. Pedile a la IA:

   "Armá un plan de estudio con descansos cada 20 minutos y una lista de verificación al final."

2. Invitá al alumno a revisar si el plan le resulta realista y adáptenlo juntos.
3. Usá *la IA* para generar retroalimentaciones inmediatas y personalizadas.

Recomendación: recordá que *la autonomía se enseña*. La IA puede ser un tutor de proceso, pero necesita un docente que la humanice.

Evaluación y retroalimentación

Demos a los estudiantes una devolución
lo más neutra e informativa posible.
Evitemos la confusión entre corregir y castigar"
(S. Dehaene, 2019)

Cuando enseñamos, el *feedback* más efectivo parece ser el que orienta, sugiere y abre caminos. En este sentido, la inteligencia artificial puede ser una gran aliada.

Herramientas como, *ChatGPT Modo Estudia y aprende Canva para Educación*, o *Aprendizaje guiado de Gemini* permiten ofrecer devoluciones inmediatas, detalladas y personalizadas.

Por ejemplo, un docente puede pedirle a la IA:

"Redactá un comentario constructivo para un alumno que resolvió correctamente el problema, pero no explicó el razonamiento."

El resultado suele ser un mensaje neutro, claro y motivador, del tipo:

"Tu resultado es correcto. Para fortalecer tu comprensión, intentá explicar los pasos que seguiste. Eso te va a ayudar a verificar si tu método funciona siempre."

Supongo que estarás de acuerdo en que este tipo de retroalimentación reduce la ansiedad y refuerza la motivación intrínseca, convierte el error en oportunidad y el acierto en punto de partida. Sin embargo, siendo realistas, es un estilo muy difícil de sostener luego de corregir una quincena de exámenes similares.

Si en cambio pudieras encontrar la manera de apoyarte en la IA para mandarle fotos de los exámenes, pedirle que los corrija y que te envíe los comentarios de cada uno, contarías con más energía disponible para validar o descartar, según tu criterio, las correcciones hechas por la herramienta.

La IA, usada con criterio pedagógico, puede:

- Generar comentarios diferenciados según el nivel o estilo de aprendizaje.
- Proveer devoluciones inmediatas, incluso en grupos numerosos.
- Ofrecer modelos de mejora, mostrando versiones alternativas de una respuesta o texto.
- Liberar tiempo docente para centrarse en el acompañamiento emocional y la reflexión.

El riesgo, claro, es convertir la retroalimentación en una respuesta automatizada sin sentido humano. Nuevamente, el rol del docente sigue siendo irremplazable:

interpretar, ajustar y contextualizar la información para cada estudiante.

Por otra parte, centrándonos en el concepto de neurodiversidad, la evaluación se vuelve sumamente desafiante, ya que requiere una personalización cada vez más precisa.

Desde una *mirada de neurodiversidad,* evaluar con IA permite *ofrecer más formas de mostrar lo aprendido,* reduciendo barreras y cuidando el proceso.

Pedí a ChatGPT lo siguiente:

"Considerando el concepto de neurodiversidad. Proponeme tres maneras diferentes de cómo un docente puede usar la IA para evaluar."

A continuación, su respuesta ("retocada" y validada por mí):

Te propongo **tres maneras diferentes** *(claramente diferenciadas entre sí), con ejemplos concretos para el aula y con un encuadre pedagógico explícito.*

1. Evaluación multimodal: distintas formas de demostrar lo aprendido

La IA permite diseñar evaluaciones donde no todos los estudiantes *responden de la misma manera,* pero sí evalúan el mismo objetivo de aprendizaje.

El docente puede pedirle a la IA que genere *opciones de respuesta equivalentes* para una misma consigna:

- *Respuesta escrita breve.*
- *Audio explicativo.*
- *Presentación visual / esquema.*
- *Diálogo guiado (preguntas y respuestas).*

Ejemplo de *prompt*:

> *"Diseñá tres formas diferentes de evaluar la comprensión del concepto de fotosíntesis: una escrita, una oral y una visual, manteniendo el mismo nivel de complejidad."*

Ventajas:

- Reduce barreras para estudiantes con dislexia, TDAH, dificultades de expresión escrita o ansiedad evaluativa.
- Valida que *hay múltiples caminos para expresar comprensión*, sin bajar expectativas.

2. Evaluación procesual con feedback personalizado

La evaluación deja de ser solo un "resultado final" y pasa a centrarse en el *proceso de aprendizaje*, con devoluciones ajustadas a cada perfil.

La IA puede ayudar al docente a:

- Analizar producciones (textos, resoluciones, proyectos).

- Detectar patrones de error o avance.
- Redactar *feedback claro, descriptivo y no punitivo.*

Ejemplo de *prompt*:

> *"Redactá una devolución para un estudiante que comprendió el concepto, pero necesita mejorar la organización de ideas. Usá un tono neutro y motivador."*

Ventajas:

- Evita comparaciones entre estudiantes.
- Ofrece información concreta sobre qué mejorar y cómo, algo clave para chicos con dificultades en funciones ejecutivas.
- Disminuye la carga emocional negativa asociada a la evaluación.

3. Evaluación con andamiajes y apoyos visuales

Desde una perspectiva de neurodiversidad, evaluar no implica retirar todos los apoyos, sino *definir cuidadosamente cuáles ayudan a acceder a la consigna sin resolverla por el estudiante*.

La IA puede ser una aliada para diseñar *andamiajes personalizados* que diversifiquen la evaluación sin modificar el objetivo a evaluar.

El docente puede pedirle a la IA que genere distintos tipos de apoyos para una misma evaluación, por ejemplo:

- Organizadores gráficos (mapas, cuadros, esquemas).
- Listas de pasos o *checklists*.
- Glosarios visuales de palabras clave.
- Ejemplos modelo incompletos.
- Reformulación de consignas con lenguaje más claro.

Ejemplos de *prompt*:

"Creá un organizador visual simple que ayude a responder esta consigna de historia sin incluir las respuestas."

"Reformulá esta consigna de examen usando lenguaje claro y frases cortas, sin bajar el nivel cognitivo."

¿Cómo se integra en una situación de evaluación? Estos apoyos pueden estar disponibles:

- Para todos los estudiantes (enfoque universal).
- O como ajustes razonables previamente acordados para algunos alumnos.

En ningún caso resuelven la tarea: *solo reducen barreras de acceso*, como la sobrecarga de lectura, la desorganización del tiempo o la dificultad para iniciar la respuesta.

Ventajas:

- Permite que estudiantes con dislexia, TDAH, TEA o ansiedad, entre otros, puedan mostrar lo que saben.
- Disminuye el impacto de funciones ejecutivas deficitarias sin alterar el contenido evaluado.
- Refuerza la idea de que la evaluación mide aprendizajes, no obstáculos.

Mitos y realidades. Derribando barreras

Mito	Realidad
"La IA solo sirve para alumnos con discapacidad."	No. Puede beneficiar a todos los estudiantes y promover una enseñanza más inclusiva aumentando las posibilidades de aprendizaje de todos.
"Usar IA en inclusión es poco ético."	Lo poco ético es no usarla si puede eliminar barreras que hoy limitan el aprendizaje y la participación de todos.
"Los recursos de accesibilidad son solo para casos graves."	Todos los estudiantes pueden necesitar apoyos en algún momento de su trayectoria educativa: la accesibilidad es una condición del entorno, no de la persona.
"Usar IA es muy complejo."	Muchas herramientas son intuitivas y gratuitas. Lo importante es empezar con un *pequeño cambio* y reflexionar sobre su impacto.

Miniglosario docente

- *Modelo social de la discapacidad*: enfoque que sitúa la discapacidad en la relación entre la persona y su entorno, no en la persona en sí.
- *Neurodiversidad*: reconocimiento de la variabilidad natural del funcionamiento neurológico humano.
- *DUA (Diseño Universal para el Aprendizaje)*: marco que propone múltiples formas de representación, expresión y participación.
- *Accesibilidad digital*: condición que garantiza que la información pueda ser utilizada por todas las personas, sin importar sus características.
- *Aprendizaje adaptativo (Adapted Learning)*: enfoque educativo que utiliza tecnología —incluida la IA— para *ajustar automáticamente el contenido, el ritmo y la dificultad de las actividades* según las respuestas, intereses y necesidades de cada estudiante. Su objetivo es ofrecer experiencias personalizadas que potencien la comprensión y la motivación, favoreciendo trayectorias de aprendizaje más inclusivas y eficaces.

¡Manos a la obra!

Desafío 1-1-1

Te propongo, durante la próxima semana:

- Probá 1 *IA nueva* (por ejemplo, una de las herramientas de accesibilidad mencionada en este capítulo. Pedile a ChatGPT que te guíe para usarla correctamente).
- Usá 1 *IA que ya conocías* para algo distinto de lo que la solías usar.
- Diseñá 1 *Prompt diferente*, destinado a eliminar una barrera de aprendizaje. Preguntale a la IA cuán accesible es la actividad que pensaste para tu clase.

Comparto la infografía que hizo **NotebookLM** sobre este capítulo:

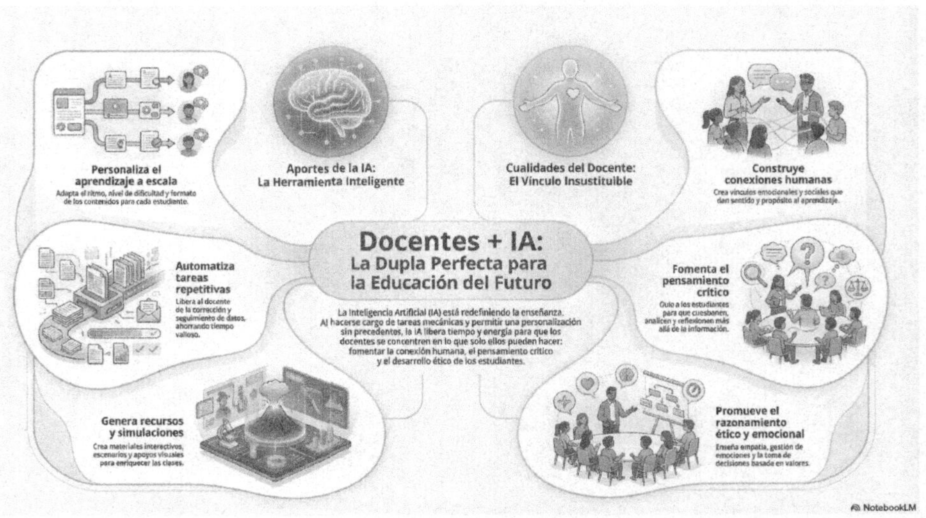

Capítulo 4
Integración en la práctica docente

Cómo empezar: criterios para elegir herramientas seguras y útiles

Antes de decidir qué herramienta usar, es importante tener presente que el impacto de la inteligencia artificial en el aprendizaje está directamente relacionado con el modo en el que se la integra al aula.

Lucas Raspall (@lucasraspall), médico psiquiatra, psicoterapeuta y divulgador argentino que viene trabajando desde hace décadas en la promoción de una crianza digital comunitaria orientada al bienestar, en su último libro (Raspall & Vigo, 2025) presenta como parte de su análisis un estudio que investiga el impacto de las tecnologías digitales en el proceso de enseñanza-aprendizaje (Zambrano Mera y Chancay García, 2024). La investigación destaca el impacto positivo de la tecnología en la motivación y el compromiso de los estudiantes cuando se emplean plataformas interactivas y metodologías de aprendizaje activo. Sin embargo, para que esta educación digital sea exitosa, Raspall advierte que deben cumplirse varios requisitos fundamentales:

1. *Formación docente.* Es crucial que los educadores estén debidamente preparados para utilizar las herramientas tecnológicas.
2. *Infraestructura adecuada.* Es preciso contar con la tecnología y la conectividad necesarias (*disponibilidad de infraestructura tecnológica*).
3. *Propósito pedagógico claro.* La tecnología debe usarse con un *objetivo de enseñanza definido,* no solo por el hecho de usarla.
4. *Estrategias de evaluación.* Deben implementarse mecanismos para medir el impacto real que la digitalización está teniendo en los resultados del aprendizaje.

En resumen, la tecnología se presenta nuevamente como una *poderosa herramienta motivadora,* pero su éxito educativo está condicionado a la *capacitación del profesorado,* la *calidad de los recursos,* la *intencionalidad pedagógica* y la *capacidad de evaluar* su efectividad (Raspall & Vigo 2025).

En la misma línea, según un estudio reciente de Bauer y su equipo (2025), publicado por Springer Nature, al que podés acceder mediante el QR, la eficacia educativa de la IA no está garantizada por su sola presencia, sino por el criterio con que se usa en la planificación.

Comparto el **resumen que realizó Gemini** luego de adjuntarle el artículo y pedirle que haga un punteo en español de las ideas centrales. Te invito a que compares el estudio original con el punteo de Gemini para evaluar vos mismo la calidad de la herramienta:

El estudio subraya que para que la IA realmente beneficie el aprendizaje, deben cumplirse las siguientes condiciones:

- Un *diseño instruccional* bien pensado *que integre la IA de manera coherente con los objetivos de aprendizaje*. La eficacia de la IA está directamente ligada a cómo se utiliza en el aula.
- Los estudiantes y educadores necesitan desarrollar *habilidades específicas*, que van más allá del simple uso de la herramienta (alfabetización en IA). Esto incluye:
  - *Conocimiento sobre la IA*: comprender cómo funciona, sus capacidades y sus limitaciones (en lo que, habiendo llegado a este capítulo, ¡ya debes ser un experto!).
  - *Habilidades de interacción*: saber cómo formular preguntas efectivas y cómo interpretar las respuestas de la IA de manera crítica (para lograrlo, ¡nada mejor que aprender haciendo!).
  - *Responsabilidad y ética*: entender el uso ético de la IA, la privacidad de los datos y el riesgo de

la sobre-dependencia. ¡Sobre todo (lo digo por experiencia), desarrollar la conciencia de que nadie está exento de esto!

- *Evitar la "inversión"*: el estudio advierte contra el efecto de "inversión", donde el uso de la IA reduce el compromiso cognitivo. Para una integración exitosa, se deben diseñar tareas que *fomenten un procesamiento cognitivo profundo* y utilicen la IA como una herramienta de apoyo.
- *Investigación rigurosa*: el equipo señala que gran parte de la investigación sobre IA educativa aún es superficial. Propone avanzar con investigaciones empíricas rigurosas que analicen cómo las distintas integraciones impactan en el aprendizaje real.

Desde este mismo enfoque, Pablo Aristizábal (@pabloaristizabal) referente en el ámbito de la educación y la tecnología, creador de *FlexFlix* www.flexflix.ai (plataforma argentina que te sugiero explorar), sostiene que:

"La misión no es enseñar a usar la IA, sino formar estudiantes capaces de crear con ella, convirtiendo la inteligencia aumentada en una herramienta de emancipación, no de sumisión." (2025)

Con el objetivo de aterrizar experiencias reales que ejemplifiquen el potencial de la IA, comparto un estudio realizado por el departamento de educación del Banco Mundial (2025) @bancomundial con alumnos de nivel secundario en

Nigeria, que revela que la tutoría con inteligencia artificial, *cuando se diseña y se utiliza adecuadamente*, puede tener un impacto transformador en el sector educativo en entornos con recursos limitados.

El estudio demostró que la implementación de un programa de tutoría virtual durante seis semanas con Inteligencia Artificial Generativa (Microsoft Copilot con GPT-4) en la educación secundaria de Nigeria tuvo un *impacto altamente positivo* en el aprendizaje, con una mejora global equivalente a *1.5 a 2 años de escolarización* tradicional. Esta intervención, demuestra que la IA puede ser una herramienta con *potencial transformador*, siempre y cuando se diseñe correctamente como un *tutor facilitador* que promueva el pensamiento crítico.

¿Cuáles fueron las claves?

- Enfoque de tutoría: gestionar la IA de modo que favorezca el aprendizaje, sin dar las respuestas.
- Guía humana con previa formación docente.
- Fomento del uso responsable, anticipando posibles sesgos e información falsa (Los expertos incluso hablan de "alucinaciones" para hacer referencia a información que la IA "inventa" sobre la base de datos que sí son reales o verdaderos. Simplemente "supone" algún que otro dato que le pueda faltar sobre lo que le pedís, para darte respuestas completas y complacer tu pedido... solo que ¡omite avisarte!).

Queda claro que *integrar IA con sentido implica planificar pedagógicamente antes de decidir tecnológicamente.*

La clave no es sumar cantidades de herramientas, sino usar las adecuadas, con propósito y ética. El ¿para qué? toma un lugar central a la hora de decidir de qué manera y en qué medida voy a usar la IA como aliada.

Algunos posibles ejemplos:

- Ahorrar tiempo en la preparación de materiales y así guardar energía para el desafío de llevar el aula adelante.
- Generar ideas para diversificar actividades.
- Adaptar textos académicos y/o consignas a distintos niveles de complejidad.
- Crear cuentos a la medida de la capacidad, la edad y el nivel de conocimientos de tus alumnos para ir desarrollando el gusto por la lectura (comparto con vos el artículo de H.E. Valanzano, 2024 que explica cuan íntimamente están relacionadas estas variables).
- Obtener ejemplos o ejercicios adicionales sobre un tema (más simples y/o más complejos).

◯ Ayudarte a corregir evaluaciones de alumnos con dificultades de aprendizaje de modo de desglosar cuánto se deduce que el alumno maneja el contenido nodal de cuánto podría haber interferido su dificultad específica.

Cuanto más concreto sea el objetivo, más fácil será evaluar si la IA realmente te ayuda.

Estrategias para incorporar la IA en proyectos de aula

La IA puede incorporarse gradualmente como un asistente que colabora en distintas etapas de la enseñanza, siempre guiada por tu criterio:

- *En la planificación*
  - Para redactar objetivos, generar consignas o proponer secuencias didácticas.
  - Para encontrar analogías, ejemplos o maneras de explicar temas complejos relacionándolos con intereses de tus alumnos.
- *Durante la clase*
  - Para ampliar explicaciones o diseñar simulaciones interactivas.
  - Para "hacer visible" información verbal compleja con infografías o recursos visuales.

- *En la evaluación*
  - Para ofrecer devoluciones personalizadas apuntando a la zona de desarrollo próxima (ZDP) de tus alumnos o para detectar patrones en las producciones que te ayuden a entender qué tipo de andamiaje podrían necesitar para seguir avanzando.

Una forma práctica es empezar con *microintegraciones*:

- Usar IA para generar un borrador de texto que luego ajustes.
- Pedirle ideas para ejemplos o casos que ilustren un concepto relacionándolo con intereses de tus alumnos.
- Usarla para crear diferentes versiones de una misma consigna graduando la complejidad.

Siempre indicale a la IA el contexto educativo y el perfil del alumno para que la respuesta sea más ajustada.

De todos modos, es fundamental, como en cualquier proceso de innovación, evaluar y ajustar. Ir "recalculando" constantemente a medida que la probás para ir armando tu propio criterio.

Después de usar la IA

1. Preguntate si te ahorró tiempo o esfuerzo en tareas "tediosas" permitiéndote centrarte en lo que realmente te importa.

2. Verificá si el resultado fue realmente útil y preciso.
3. Decidí si vale la pena seguir usándola para esa tarea o buscar otro enfoque.

Errores comunes (en los que todos hemos caído y de los que debemos aprender)

- *Usar la IA como fuente única*: siempre contrastá con otros materiales (¡recordá la anécdota del inicio del capítulo 2!).
- *Confiar en la primera respuesta*: la calidad mejora mucho afinando el *prompt*. ¡Salí a buscar la zona de desarrollo próximo de la IA!
- *Entrar en el "scroll" infinito*: recordá que toda respuesta va a ofrecerte algo tentador y superador para seguir avanzando. Tené en claro cuál es tu objetivo para definir cuándo cortar (¡o ponete una alarma si ves que no es suficiente!).

Ejemplos reales de uso en distintos niveles y áreas curriculares

Antes de usar la IA en clase, o incluso recomendarla, la sugerencia es que la pruebes en un espacio seguro (para equivocarte todo lo que necesites).

1. Elegí un contenido que ya conozcas muy bien (para detectar si la IA se equivoca o alucina).

2. Hacé varias pruebas de *prompts* (consignas) cambiando el nivel de detalle.
3. Observá: ¿la respuesta es correcta? ¿Te resulta útil?

¿Cómo integrar su uso en los diferentes niveles?

En *Nivel inicial*, la propuesta es presentar la IA como una herramienta a usar únicamente con la guía de un adulto (¡como debería presentarse cualquier herramienta que suponga un dispositivo conectado a Internet!).

Aclarado esto, podría usarse para *crear cuentos ilustrados* con personajes inventados por los alumnos, aprovechando recursos que faciliten la creatividad y la producción multimodal siempre en actividades compartidas entre todos, siendo el docente quien carga en la herramienta los datos acordados, escanea dibujos realizados por los chicos, etc., para luego escuchar y ver la producción final.

Como herramientas sugeridas para esta etapa se pueden presentar Gemini y Canva Escritura Mágica.

En *Primaria*, se sugiere *mantener el mismo marco en relación con la importancia de la guía de un adulto* como parte de la promoción de una educación digital integral (Raspall, 2025). Es decir, conservar un encuadre de uso cuidado y acompañado, pero ampliarlo hacia prácticas más sistemáticas de ciudadanía digital, pensamiento crítico y criterios de uso responsable en tareas escolares.

En *Secundaria,* la integración se vuelve más amplia y disciplinar. Se pueden utilizar para *simular experimentos* o para la *explicación de fenómenos,* así como el *análisis de fuentes históricas* y el contraste de versiones generadas por IA para entrenar lectura crítica, verificación y argumentación. También se incluyen producciones específicas como la *creación de pictogramas,* la *creación de podcasts* y el *análisis de diferentes prompts y sus resultados,* lo que permite trabajar tanto la alfabetización en IA como la metacognición sobre cómo se construyen respuestas y contenidos.

En todos los niveles por supuesto es un recurso más que válido para:

- La planificación.
- La diversificación.
- La evaluación.
- La guía de tu trabajo como docente.

La integración en el aula va a depender de la disponibilidad y accesibilidad con las que cuente la escuela y la comunidad en las que trabajás.

Entre las herramientas gratuitas, sugeridas para alentar un uso que potencie el aprendizaje autónomo (en alumnos mayores de 12 años y siempre con la psicoeducación pertinente) se recomienda:

- *ChatGPT* – Modo "Estudiá y aprendé".
- *Gemini* – Modo "Aprendizaje guiado".

- *Copilot* — Modo "Estudiá y aprendé" (en cualquier modo es un muy buen recurso para guiar la lectura de textos complejos. Explica contenido, da sinónimos, va guiando hacia la comprensión. Se activa cuando abrimos textos en PDF usando Edge (el navegador de Microsoft).
- *NotebookLM* — Crea *podcasts*, mapas mentales, infografías, presentaciones o guías de estudio sobre las fuentes que le adjuntes (ideal para planificar con DUA).

El rol del docente en la era de la IA

La IA no enseña por sí sola: necesita mediación humana para que su uso tenga sentido pedagógico. El docente es la figura esencial como guía en el proceso.

Como señala la UNESCO (2024): "la IA no reemplaza el juicio pedagógico, sino que requiere más que nunca la ética, la empatía y la creatividad docentes".

Sin embargo, el rol del docente se redefine al tomar una relevancia particular las siguientes tres dimensiones:

- *Diseñador*: crea experiencias de aprendizaje donde la IA es un medio, no un fin.
- *Facilitador*: guía a los estudiantes en la exploración, el análisis y la reflexión crítica.
- *Curador y crítico*: evalúa la calidad, la veracidad y el sesgo del contenido generado por IA.

Te comparto algunas iniciativas privadas que en la Argentina han diseñado plataformas que dan soporte a esta nueva función del docente, mientras buscan alfabetizar en un uso responsable y seguro de la IA. Las mismas requieren suscripciones con diferentes costos, aunque todas ofrecen algunas funciones o pruebas gratuitas que tiene sentido probar como una manera de "explorar el terreno" (al menos a mí me sirvió mucho para eso).

zelmira Zelmiralearning.com Creada por Florencia Zavalía, psicopedagoga Tucumana.	
FlexFlix Inteligencia Aumentada FlexFlix.ai Creada por Pablo Aristizábal.	
RVD.AI Rivadavia Rvd.ai Una innovación de la editorial Rivadavia que todos conocemos.	

Creación y uso de agentes, parte del nuevo rol docente

Un agente de IA es un sistema que no solo genera respuestas, sino que también percibe un contexto, decide qué acciones realizar y las ejecuta automáticamente para alcanzar un objetivo.

Podría pensarse como un "asistente digital con iniciativa":

- Recibe una meta (por ejemplo, "crear una guía de estudio personalizada").
- Analiza la información disponible.
- Toma decisiones paso a paso.
- Usa herramientas externas (busca, resume, organiza, crea archivos).
- Ajusta su comportamiento según lo que va encontrando.

Es decir, no se limita a responder lo que le pedimos, sino que también actúa, ejecuta tareas y coordina procesos.

Permite que un docente *multiplique su capacidad de acción*.

En esencia, un agente es como un *ayudante pedagógico digital* que ejecuta lo que hasta ahora dependía exclusivamente del tiempo del docente.

Crear un agente educativo hoy es sorprendentemente accesible.

No hace falta programar: la mayoría de las plataformas funcionan con configuraciones guiadas y lenguaje natural que te van enseñando cómo hacerlo. El principal consejo para aprender a crear uno es pedirle a la plataforma que elijas (ChatGPT, Gemini, Copilot, etc.) que te guíe paso a paso.

Sin embargo, para que cuentes con información clara sobre cuál sería el beneficio real para vos y para tus alumnos de crear uno o varios agentes, *este libro cuenta con un apartado dedicado específicamente al impacto de los agentes IA en educación* (Anexo).

Trabajo en comunidad con otros docentes y familias

La integración real de la IA en educación requiere una mirada colectiva.

Compartir experiencias, dudas y aprendizajes entre colegas permite aprender haciendo y construir criterios comunes de uso responsable.

Con las familias, el diálogo es clave: explicar para qué se utiliza la IA, cómo se utiliza, qué oportunidades ofrece para el desarrollo de competencias del siglo XXI y cómo trabajar en conjunto para acompañar su uso seguro y responsable.

Mitos y realidades. Derribando barreras

Mito	Realidad
"Integrar IA exige saber programar."	No. La mayoría de las herramientas actuales funcionan con lenguaje natural.
"La IA uniforma la enseñanza."	Si se usa bien, hace lo contrario: permite personalizarla.
"Usarla quita creatividad."	Bien guiada, puede estimular nuevas ideas y formas de aprender, aunque decididamente modifica nuestro sistema cognitivo.

Mini glosario docente

- *Curador digital*: persona que selecciona, evalúa y contextualiza contenidos generados por IA o por la web.
- *Transparencia algorítmica*: capacidad de una IA para explicar cómo llega a sus resultados.
- *IA educativa*: conjunto de herramientas diseñadas para apoyar procesos de enseñanza y aprendizaje.

- *Aprendizaje híbrido*: modelo que combina experiencias presenciales con recursos digitales y adaptativos.
- *Ciudadanía digital*: conjunto de habilidades, conocimientos y actitudes para usar la tecnología de forma responsable, ética, segura y participativa, ejerciendo derechos y cumpliendo deberes en entornos en línea,
- *Agente*: sistema basado en IA que no solo genera respuestas, sino que también percibe un contexto, decide qué acciones realizar y las ejecuta automáticamente para alcanzar un objetivo.
- *RAG (Generación aumentada por recuperación)*: es la capacidad de la IA para buscar datos actuales y específicos antes de generar una respuesta.

¡Manos a la obra!

Pedí les a tres IA diferentes (ChatGPT, Gemini, Copilot) el mismo *prompt*:

"Diseñá una secuencia didáctica de tres clases sobre energía renovable para cuarto año de primaria, con actividades prácticas y DUA."

- Revisá y ajustá lo que obtengas.
- Integrá las propuestas viables a tu planificación real.

Ahora *probá con estos prompts* para potenciar y personalizar planificaciones según tu objetivo (copialos y pegalos en el chat con tu IA favorita. Solo especificá la info entre corchetes):

Para generar ideas de ejemplos/casos ligados a intereses de tus alumnos:

“Actuá como profe creativo. Quiero 10 ideas de ejemplos o mini-casos para explicar [concepto/tema] conectándolos con intereses de mis alumnos: [lista de intereses: fútbol, música urbana, gaming, cocina, etc.].

Pedagogía: que cada ejemplo siga este esquema: ‘Situación breve’ ⇢ ‘Puente con el concepto’ ⇢ ‘Pregunta disparadora’.

Pedime primero tres preguntas para afinar el perfil del grupo; después, entregá las 10 ideas ordenadas por interés (⚽🎮🎵🔍), y cerrá con tres sugerencias DUA (múltiples formas de representación, acción/expresión y motivación).”

Para obtener diferentes versiones de una misma consigna (graduar complejidad)

“Necesito una consigna sobre [tema/habilidad] con cuatro niveles de complejidad:

- Nivel 1 (acceso): apoyos fuertes, pasos guiados, vocabulario simple, ejemplo resuelto.
- Nivel 2 (básico): apoyos moderados, *checklist*, ejemplo parcial.
- Nivel 3 (intermedio): menos apoyos, elección de formato de respuesta.

- Nivel 4 (desafío): transferencia a un caso nuevo, criterio de evaluación explícito.
  - Contexto: [curso/tiempo/recursos]. Integrá DUA: alternativas de entrada (texto/audio/video), salida (poster/*podcast*/infografía), y andamiajes (glosario, oraciones inicio, rúbrica).
  - Entregá: tabla con objetivo, instrucciones, recursos, tiempo, criterios de éxito por nivel + una rúbrica breve (cuatro niveles, tres criterios)."

Comparto la infografía que creó **NotebookLM** sobre este capítulo.

Capítulo 5
Aspectos éticos, legales y de seguridad

Marco regulatorio vigente y tendencias (leyes, normativas educativas, recomendaciones de organismos internacionales)

Lo primero que quiero transmitirte en relación con este punto es que, al menos al momento de escribir estas líneas, el tema está aún en fase de debate y exploración en el mundo entero. No conocemos todavía algún país que haya logrado implementar una política clara, integral, sostenida (Australia parece estar comenzando, lo analizamos más adelante) y verdaderamente efectiva para regular el uso de dispositivos digitales en menores de edad ni, específicamente, el uso de la inteligencia artificial en el ámbito educativo.

Esto no significa que el tema esté ausente de la agenda pública. Por el contrario, existe una creciente preocupación a nivel internacional, acompañada de múltiples intentos, debates y ensayos normativos que buscan dar respuesta a un fenómeno complejo y en rápida transformación.

En casi todos los casos, estas iniciativas parten de una tensión difícil de resolver: la necesidad urgente de regular y proteger, sin desconocer que el desarrollo de habilidades de ciudadanía digital requiere —paradójicamente— algún grado de interacción guiada con dispositivos y plataformas cuyas reglas, alcances y responsabilidades aún no están del todo claras.

Te recomiendo leer la reflexión que hace Melina Masnatta @melinamasnatta en su nota "Educación y algoritmos: por qué la conversación sobre el uso de la IA recién empieza" (*La Nación*, diciembre 2025).

En este escenario de búsqueda, ajustes y aprendizajes en curso, explorar las herramientas disponibles, identificar sus riesgos, buscar activamente maneras de mitigarlos y sostener una actitud de aprendizaje continuo son acciones claves para poder acompañar a nuestros alumnos en un contexto que, como ya vimos, es volátil, complejo, incierto y ambiguo.

Desde esta lógica comienzan a destacarse algunas experiencias recientes, como las impulsadas por Australia o por la Unión Europea, que intentan avanzar en regulaciones más explícitas sobre el vínculo entre adolescentes, tecnología y entornos digitales

Al respecto, en ambos casos, el umbral de 16 años emerge como el estándar de madurez para el acceso digital autónomo en ambas regiones. Sin embargo, la forma de alcanzar este objetivo es bien distinta en cada caso.

Australia ha encendido un debate global sobre la crianza en la era de las redes, un debate que apenas comienza, con la mirada atenta de padres, legisladores, empresas e incluso de los propios jóvenes. En diciembre de 2025 se convirtió en *el primer país del mundo en prohibir legalmente el acceso a redes sociales a menores de 16 años*, mediante una reforma pionera de la Ley de Seguridad Online. La normativa, que entró en vigor el 10 de diciembre de 2025, exige a plataformas como Facebook, Instagram, Threads, TikTok, YouTube, Snapchat, X (Twitter), Reddit, Discord, Kick y otras redes populares "tomar medidas razonables" para identificar y desactivar las cuentas de usuarios australianos por debajo de la edad permitida. La ley traslada la obligación de cumplimiento directamente a las empresas tecnológicas, que se enfrentan a multas de hasta 49,5 millones de dólares australianos (unos 33 millones de dólares) si no bloquean el acceso de menores. El gobierno del primer ministro Anthony Albanese promovió esta medida *alegando la necesidad de proteger la salud mental y el bienestar de niños y adolescentes*, citando investigaciones sobre el vínculo entre uso excesivo de redes y problemas de ansiedad, autoestima o acoso escolar.

La implementación en curso en Australia parece estar ofreciendo lecciones valiosas: evidencia tanto las posibilidades de regular el ecosistema digital en favor de los menores, como los desafíos técnicos y sociales de hacerlo.

Por otro lado, la *Unión Europea* ha adoptado un Modelo de Protección Sistémica, que se enfoca en el control del tratamiento de datos personales (RGPD) y en mitigar los daños algorítmicos mediante la imposición de deberes de seguridad en el diseño del servicio (Ley de Servicios Digitales o DSA). Este modelo busca *regular la calidad de la experiencia en línea*.

Es siguiente es un cuadro comparativo **que creó Gemini** cuando le pedí una comparación entre ambas regulaciones y sus conclusiones generales:

Aspecto regulatorio	**Unión Europea** (DSA/RGPD)	**Australia** (SMMA 2024)
Umbral de acceso	Edad variable (13-16) basada en consentimiento para el tratamiento de datos.	Prohibición estricta de cuentas para menores de 16 años.
Rol del consentimiento parental	Crucial para la legalidad del tratamiento de datos.	Irrelevante; la ley prohíbe el uso por debajo de 16 años.
Enfoque primario	Protección de la privacidad (RGPD) y Mitigación de riesgos algorítmicos (DSA).	Seguridad en línea y exclusión total (prohibición prescriptiva).

Aspecto regulatorio	**Unión Europea** (DSA/RGPD)	**Australia** (SMMA 2024)
Verificación de edad	Fomento de soluciones futuras (EU Wallet). DSA desincentiva procesamiento de datos adicionales.	Obligatoria: plataformas deben tomar “medidas razonables” para el identificar la edad. Uso potencial de datos biométricos.
Régimen sancionador	Multas masivas por incumplimiento de RGPD/DSA (basadas en facturación global).	Sanciones monetarias fijas y elevadas por incumplimiento de la prohibición de acceso (hasta 49,5 millones AUD).

Conclusiones: el modelo australiano es conceptualmente simple de comunicar, pero extraordinariamente complejo de implementar debido a las exigencias técnicas del age gating y los riesgos de privacidad asociados. El modelo de la UE es más complejo de auditar y aplicar (requiere evaluar el funcionamiento interno de los algoritmos de las VLOP), pero respeta mejor la autonomía digital y el principio de minimización de datos.

El 1 de enero de 2026, antes de enviar la versión final al editor, consulté a Gemini sobre el estado de avances del debate de la Unión Europea para tener una versión lo más actualizada posible. Te comparto lo que le pregunté y su respuesta:

> Hubo alguna novedad entre el 7 de diciembre y hoy en cuanto a la postura de la UE frente a la regulación de los menores de 16 años a redes sociales?

Desde el 7 de diciembre hasta hoy, se han producido novedades significativas que refuerzan la tendencia hacia una regulación más estricta en el espacio europeo, impulsadas en gran medida por la entrada en vigor del modelo australiano.

Las principales actualizaciones en la postura y las acciones de la Unión Europea y sus Estados miembros son las siguientes:

- *Proyecto de ley en Francia (31 de diciembre de 2025)*: el gobierno de Emmanuel Macron ha anunciado un proyecto de ley para prohibir el acceso a las redes sociales a los menores de 15 años a partir de septiembre de 2026.
- *Avances en la herramienta de verificación en España (11 de diciembre de 2025)*: el Ministerio para la Transformación Digital confirmó que ya está probando una herramienta de verificación de edad que espera implantar en 2026, una vez reciba el visto bueno de la Unión Europea.

- *Observación del "laboratorio australiano" (10 de diciembre de 2025)*: con la entrada en vigor oficial de la prohibición para menores de 16 años en Australia, la Comisión Europea ha comenzado a monitorear de cerca la implementación técnica y los métodos de evasión (como el uso de VPN o cuentas falsas) para evaluar la viabilidad de medidas similares en el bloque.
- *Debate sobre la "mayoría de edad digital" armonizada (17 de diciembre de 2025)*: en el marco de consultas parlamentarias, países como Irlanda han reiterado que cualquier decisión sobre una edad mínima obligatoria sería más efectiva si se toma de manera conjunta a nivel de la UE, para evitar la fragmentación del mercado único.
- *Impulso a la Cartera de Identidad Digital (EUDI)*: se ha ratificado que 2026 será el año clave para el despliegue de la Cartera de Identidad Digital de la UE, que servirá como la infraestructura técnica necesaria para que las plataformas realicen verificaciones de edad que respeten la privacidad sin necesidad de almacenar documentos de identidad de los usuarios.

¡Un ejemplo más de la velocidad de los cambios en esta era!

Para que puedas seguir ampliando tu perspectiva, comparto con vos la postura de otros organismos internacionales, nacionales y provinciales más específicamente enfocados en torno del uso de la IA en educación.

En el plano internacional, la UNESCO presenta la *necesidad de regular el aprendizaje digital y la transforma-*

ción de la educación con AI como una de sus prioridades en educación.

Viene creando guías y marcos regulatorios desde principios de 2023, como muestra la captura de la web que reproduzco abajo con el código para que accedas a descargar el material que quieras profundizar.

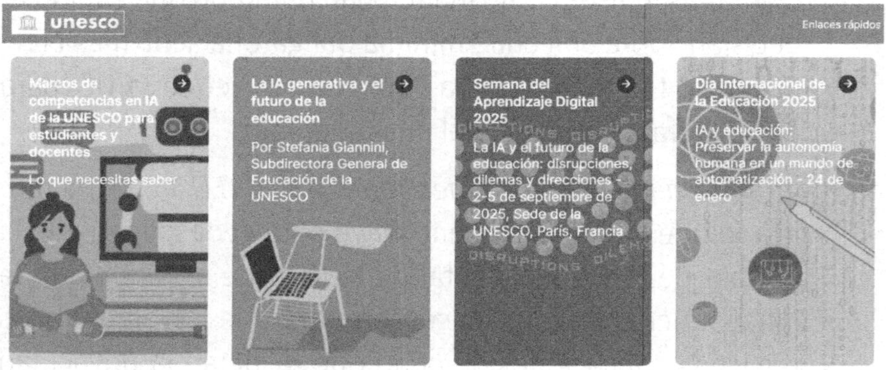

A *nivel nacional*, en la Argentina no tenemos una ley que reglamente el uso de la IA en todo el país, aunque el Ministerio de Capital Humano, a través de la Secretaría de Educación, ha impulsado lo que denominó "Programa Argentino de Innovación de la Educación con Inteligencia Artificial" (PAIDEIA).

Según una exploración que realiza Gemini luego de pedírselo, *PAIDEIA ofrece un marco nacional buscando establecer la visión y los principios que, si bien no son una regulación legal directa para las provincias, actúan como orientadores. El objetivo principal de PAIDEIA es desarrollar competencias clave en estudiantes de primaria y secundaria, preparándolos para participar activamente en un mundo mediado por la tecnología. La iniciativa se centra en el uso pedagógico de las herramientas de inteligencia artificial y se basa en una visión humanista y centrada en la persona. El programa establece cuatro Principios Rectores que guían su abordaje, buscando evitar la antropomorfización de la tecnología y garantizar la centralidad del ser humano en la educación:*

1. *Las inteligencias artificiales son extensión de la racionalidad humana.*
2. *Son aliadas colaborativas.*
3. *No son infalibles ni neutrales.*
4. *No reemplazan al docente.*

Por otra parte, a nivel provincial, en la Argentina existen diferentes niveles de regulación.

Para indagar sobre ellos, volví a utilizar **Gemini**. Obtuve el siguiente reporte con la tabla que presento abajo:

Se observa una diversidad de enfoques regulatorios entre las jurisdicciones. Algunas han optado por guías ministeriales de implementación rápida (CABA), otras han adaptado sus directrices administrativas generales (Provincia de Buenos Aires), y algunas han avanzado en la sanción o promoción de leyes específicas (Misiones,

Córdoba). Este fenómeno puede interpretarse como una competencia positiva por la "innovación regulatoria" entre jurisdicciones. La citación recurrente de estándares y referentes internacionales, como las recomendaciones de la UNESCO (2021), el documento PotencIA el aprendizaje (Chile, 2025) y el Marco CEIBAL (Uruguay 2023), valida la legitimidad de esta acción proactiva a nivel local.

Tabla 1: Clasificación de instrumentos regulatorios provinciales sobre IA en educación

Jurisdicción	Instrumento principal	Tipo de documento	Ámbito de aplicación	Estado actual
Ciudad Autónoma de Buenos Aires (CABA)	Guía para un uso crítico de la IA en la escuela.	Guía/Recomendación ministerial.	Específico educativo.	Vigente.

Jurisdicción	Instrumento principal	Tipo de documento	Ámbito de aplicación	Estado actual
Buenos Aires (Prov.)	Directrices de uso de IAG en la administración pública.	Anexo/Directriz ejecutiva.	Administración pública (incluye educación).	Vigente.
Misiones	Ley de integración de IA a la educación.	Ley provincial LEY VI-347.	Específico educativo.	Sancionada (2025).
Córdoba	Programa provincial de uso ético y pedagógico de la IA.	Proyecto de ley.	Específico educativo.	En análisis parlamentario.

El texto del cuadro comparativo fue creado por Gemini y validado por la autora, quien chequeó la veracidad de los programas y *links* presentados por la IA.

Te comparto cómo llegué a obtener este cuadro:

1. Activé en Gemini la herramienta Deep Research

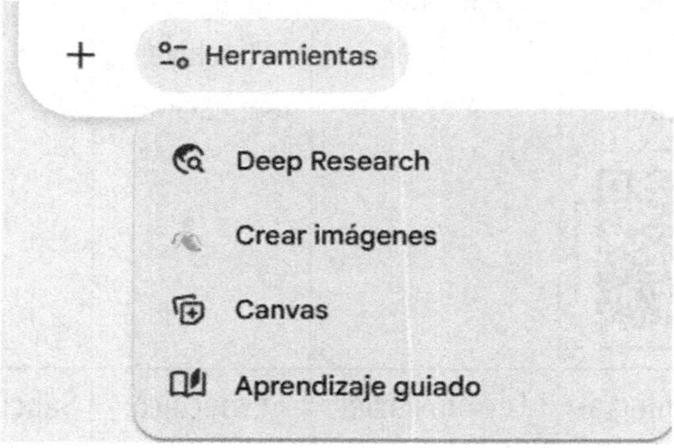

y le pedí:

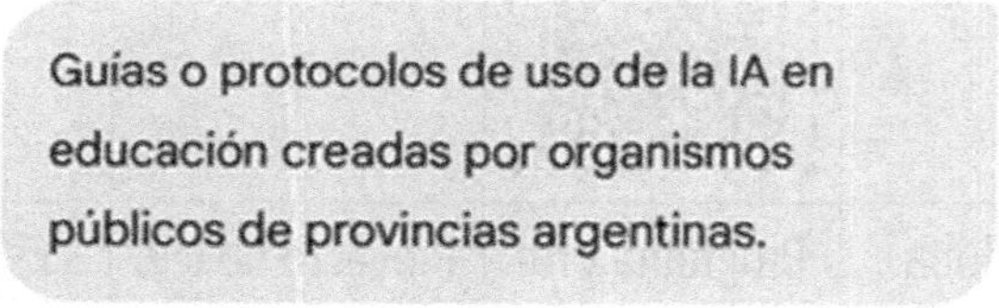

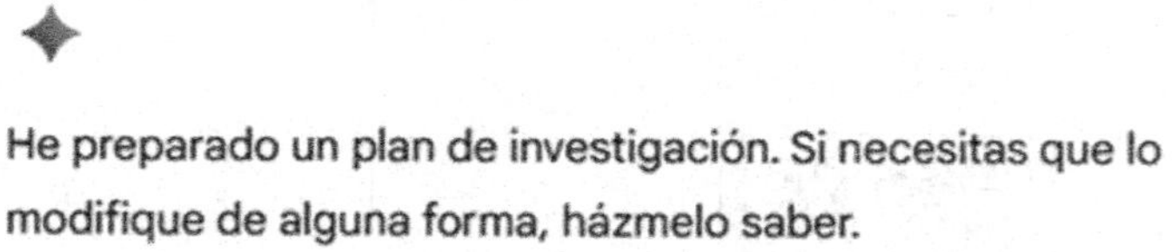

2. Antes de empezar a investigar, Gemini me avisa qué va a hacer y cómo lo va a hacer, dándome la alternativa de "modificar el plan" (y en mi opinión, dándome un muy buen modelo de cómo investigar un tema).

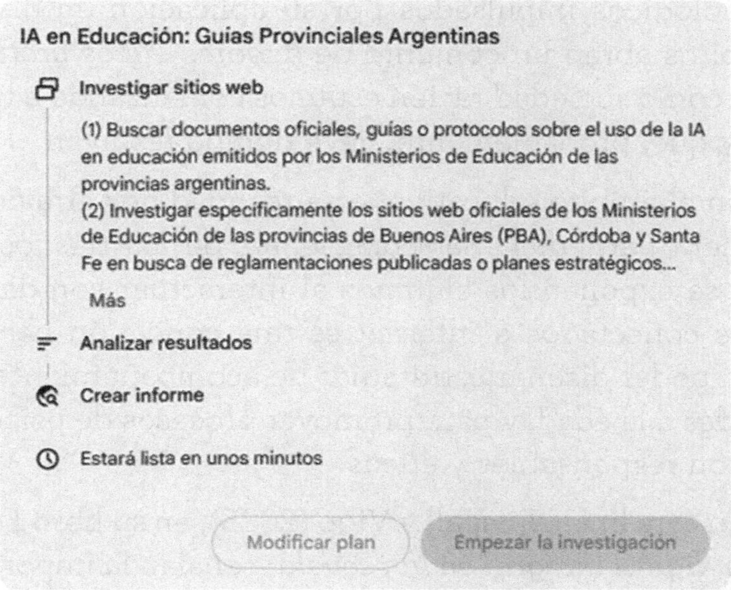

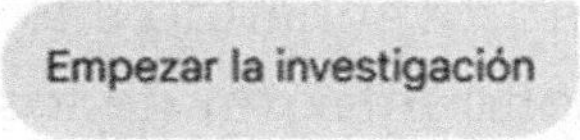

Es así como obtuve el cuadro que presenté más arriba, que como aclaro al pie, chequeé consultando cada fuente original y adjuntando los *links* o QR de referencia para que puedas cotejarlo vos mismo.

Riesgos y desafíos éticos

Como toda herramienta poderosa, la inteligencia artificial conlleva una *gran responsabilidad*. Los avances tecnológicos impulsados por su aplicación en distintos ámbitos abren un conjunto de *debates éticos profundos*, que como sociedad recién estamos comenzando a transitar y que, probablemente, lleve tiempo resolver.

En el ámbito educativo, esta realidad nos atraviesa de manera particular. Ser conscientes de los riesgos a los que se exponen los alumnos al interactuar con dispositivos conectados a internet es una condición necesaria para poder diseñar estrategias de acompañamiento adecuadas a la edad, y para promover procesos de psicoeducación responsables y éticos.

En esta línea, Raspall y Vigo (2025), en su libro *Educación digital integral en la escuela*, señalan la importancia de desarrollar políticas públicas y estrategias educativas que permitan integrar la tecnología de manera equilibrada, aprovechando sus beneficios sin comprometer el desarrollo integral de los estudiantes.

Los autores advierten, además, que la educación digital no debería reducirse al dominio de herramientas, sino que debe orientarse a la formación de ciudadanos competentes, capaces de interactuar con la tecnología de forma consciente, equilibrada, saludable y ética.

Por otra parte, en la Argentina y Latinoamérica contamos con varias organizaciones que están trabajando para orientar a padres y docentes al respecto ofreciendo material gratuito basado en evidencia de investigaciones realizadas en Argentina y en el resto del mundo, que puede ser de gran utilidad para seguir la evolución de los marcos regulatorios. Algunas de ellas son:

FARO DIGITAL chicos.net

HumanIA Impulsa el aprendizaje significativo, inclusivo y responsable de la IA.

Aportes de Gemini para mitigar riesgos

Comparto un cuadro que pedí a Gemini con los riesgos que puede conllevar una interacción poco responsable con la IA y acciones de cómo mitigarlos.

Riesgos del uso de IA en educación

Riesgo	¿Qué implica?	¿Cómo prevenirlo?
Delegación cognitiva	Que alumnos y docentes cedan su proceso de pensamiento a la IA, confiando ciegamente en sus respuestas. Esto reduce el esfuerzo cognitivo, empobrece el análisis, dificulta la argumentación y desestimula la curiosidad.	Usar la IA para iniciar, no para cerrar tareas. Solicitar siempre que el estudiante compare, justifique, mejore o cuestione lo producido por la IA. Diseñar actividades que exijan razonamiento propio.

Riesgo	¿Qué implica?	¿Cómo prevenirlo?
Dependencia tecnológica	Creer que sin IA no se puede aprender ni enseñar. Genera ansiedad ante la falta de conectividad o dispositivos, disminuye la autonomía y limita la creatividad y la capacidad de resolución independiente.	Alternar experiencias digitales y analógicas. Reforzar estrategias de estudio sin pantallas. Dejar explícito que la tecnología acompaña, no reemplaza.
Sesgos y falta de criterio	Aceptar como válidas respuestas incorrectas, incompletas o sesgadas. La IA puede reproducir estereotipos culturales, de género o sociales, afectando la equidad e incluso la calidad del material escolar.	Verificar fuentes. Enseñar alfabetización crítica. Trabajar activamente con los estudiantes en la detección de sesgos y errores. Usar los fallos como recursos pedagógicos.

Riesgo	¿Qué implica?	¿Cómo prevenirlo?
Workslop	Que la IA genere cantidades enormes de material irrelevante, redundante o superficial, creando la ilusión de productividad pero sin aportar valor pedagógico. El docente puede perder tiempo filtrando contenido inútil; el estudiante puede recibir tareas de baja calidad que no desarrollan habilidades profundas. El resultado: saturación, dispersión y deterioro de la calidad educativa.	Definir criterios claros de calidad. Usar IA solo cuando el producto tenga un propósito pedagógico concreto. Revisar y curar lo que produce la IA, evitando pedirle "más contenido". Priorizar profundidad sobre volumen.

Riesgo	¿Qué implica?	¿Cómo prevenirlo?
BrainRot	Efecto que se genera al acostumbrarse a contenidos hiperbreves, fáciles y fragmentados –incluidas respuestas ultra rápidas de IA– reduciendo la tolerancia a la espera, la concentración prolongada y la capacidad de análisis profundo. Promueve aprendizajes superficiales.	Diseñar actividades que fortalezcan la atención sostenida: lectura extendida, debates, proyectos largos. Usar IA para profundizar, no simplificar en exceso. Introducir pausas cognitivas y promover la concentración.

Mitos y realidades. Derribando barreras

Mito	Realidad
1. "Regular la IA significa prohibirla."	Regular no es prohibir: es proteger. Las normativas buscan garantizar derechos, seguridad y equidad. La UNESCO insiste en que la regulación debe acompañar la innovación, no frenarla. Un marco bien definido permite que docentes y estudiantes usen la IA con confianza y criterios compartidos.

Mito	Realidad
2. “Si la IA está regulada, los docentes ya no tendrán libertad para innovar.”	La regulación protege la libertad pedagógica. Establecer límites claros (datos, privacidad, edad mínima, transparencia) no restringe la creatividad docente; al contrario, la habilita al brindar un entorno seguro para explorar sin riesgos legales o éticos.
3. “La IA es peligrosa porque puede reemplazar el rol docente.”	No hay evidencia de que la IA pueda asumir la complejidad del vínculo pedagógico. Su valor está en ampliar posibilidades, no en suplantar la presencia humana, la lectura del contexto o la mediación del aprendizaje.
4. “Como la IA puede equivocarse, es mejor no usarla.”	Justamente porque puede equivocarse, es esencial enseñar a usarla críticamente. Evitarla no prepara a los estudiantes para el mundo que ya habitan. Guiarlos a evaluar sesgos, verificar fuentes y dialogar críticamente con la IA desarrolla ciudadanía digital y pensamiento crítico.
5. “Usar IA hace que los estudiantes aprendan menos.”	Aprenden menos si se usa mal. Sin intencionalidad pedagógica, la IA puede fomentar delegación cognitiva. Pero cuando se usa para *ampliar, profundizar y personalizar*, potencia el aprendizaje, especialmente en aulas diversas y contextos heterogéneos.

Miniglosario docente

- *Alfabetización digital crítica*: capacidad de evaluar información, verificar fuentes, identificar sesgos y usar tecnología con criterio y autonomía.
- *Datos sensibles*: información personal que puede poner en riesgo a un estudiante si se filtra (ubicación, identidad, salud, imágenes, etcétera).
- *Datos biométricos*: características físicas o de comportamiento únicas de una persona (como huellas dactilares, rostro, iris o voz) que permiten su identificación o autenticación mediante tecnología que verifica que sos quien decís ser. Forman parte de los datos sensibles de una persona. Su uso suele ser regulado.
- *Deep Research*: función de algunos modelos de IA que permite planificar, investigar y justificar cómo realizará una búsqueda, ofreciendo transparencia en el proceso.
- *Marco regulatorio*: conjunto de leyes, guías y recomendaciones que establecen cómo debe usarse la IA de manera segura, ética y responsable.
- *Sesgo algorítmico*: distorsión en las respuestas de la IA que refleja patrones injustos, estereotipos o información incompleta.
- *Transparencia*: obligación de una IA de explicar qué hace y cómo lo hace. Favorece el uso crítico y la toma de decisiones informada.

- *Workslop*: producción excesiva de contenido irrelevante o de baja calidad por parte de la IA, que genera sobrecarga y deterioro en la claridad pedagógica.
- *BrainRot*: término que busca explicar los efectos de la tendencia a consumir contenidos hiperbreves, de baja demanda cognitiva, que afectan la atención sostenida y la lectura profunda.

¡Manos a la obra!

Te propongo cuatro pasos para convertir en acciones lo comentado en el capítulo.

1. *Explorá la vida digital de tus alumnos.*

   Tomate 10 minutos para revisar:

   - ¿Qué plataformas usan tus estudiantes? Pueden crear una encuesta entre todos.
   - ¿Qué datos entregan sin darse cuenta? Generen debate.
   - ¿Qué políticas de privacidad conocés (o no)?

   Elegí un elemento para mejorar esta semana. Ejemplos:

   - Agregar consentimiento informado para uso de IA,
   - Revisar configuraciones de privacidad.
   - Enseñar a los estudiantes a usar contraseñas seguras.

2. *Probá una actividad de alfabetización crítica.*

En una clase corta, pedile a la IA:

"Explicá por qué todas las jirafas tienen alas."

(La IA generará un error o una ficción.)

Luego, debatí con tu grupo:

- ¿Por qué la IA dijo eso?
- ¿Cómo podemos comprobarlo?
- ¿Qué estrategias necesitamos para evaluar lo que leemos?

Es una manera simple, potente y memorable de enseñar pensamiento crítico experimentando los riesgos de no desarrollarlo.

3. *Diseñá junto con tus alumnos tu propio protocolo de uso responsable.*

Incluí solo cinco puntos:

1. Qué tipo de tareas pueden hacerse con IA.
2. Qué datos no deben ingresarse nunca.
3. Cómo citar el uso de IA.
4. Cómo verificar información generada.
5. Qué hacer ante un error o contenido inapropiado.

4. *Probá un "Desafío de transparencia".*

Pedile a la IA:

"Explicame paso a paso cómo llegaste a esta respuesta."

Esto ayuda a los estudiantes a ver detrás del "acto mágico" de la IA, reduciendo la idealización y aumentando la comprensión del proceso.

Esta es la infografía que hizo **NotebookLM** sobre este capítulo:

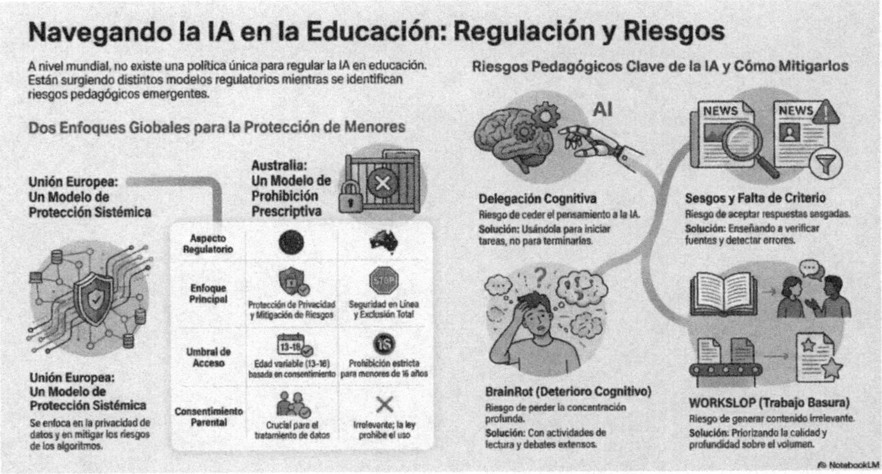

ANEXO
Agentes educativos

¿Qué es un agente de IA?

Como vimos en el capítulo 4, un agente es un sistema que no solo genera respuestas, sino que percibe un contexto, decide qué acciones realizar y las ejecuta automáticamente para alcanzar un objetivo.

Podría pensarse como un "asistente digital con iniciativa" que:

- Recibe una meta (por ejemplo, "crear una guía de estudio personalizada").
- Analiza la información disponible.
- Toma decisiones paso a paso.
- Usa herramientas externas (busca, resume, organiza, crea archivos).
- Ajusta su comportamiento según lo que va encontrando.

Es decir, no se limita a responder lo que le pedimos, sino que actúa, ejecuta tareas y coordina procesos.

¿En qué se diferencia de una IA generativa "simple"? Así lo explica ChatGPT:

IA Generativa simple	Agente de IA
Responde un mensaje.	Persigue un objetivo.
Funciona turno a turno (pregunta → respuesta).	Opera autónomamente, encadenando decisiones.
No usa herramientas externas.	Usa herramientas: buscadores, archivos, cálculos, API (interfaz de programación de Apps), etc.
No recuerda pasos ni gestiona procesos.	Planifica, evalúa, corrige y continúa.
Depende totalmente de lo que el usuario indica.	Puede tomar iniciativas dentro de la tarea asignada.

Ejemplo simple

- Pedir "Explicame la fotosíntesis" → IA generativa.
- Pedir "Prepará una clase de 40 minutos sobre la fotosíntesis, con actividades diferenciadas, rúbrica y un archivo descargable" → agente, porque coordina múltiples acciones y produce varios resultados.

¿Qué pueden aportar los agentes a la educación?

Permiten que un docente multiplique su capacidad de acción:

- Pueden crear materiales personalizados para distintos niveles del mismo grupo.
- Ofrecer feedback automático, pero con criterio docente.
- Generar secuencias didácticas completas.
- Monitorizar el avance de estudiantes.
- O preparar informes, rúbricas y adaptaciones curriculares.

En el fondo, un agente es como un ayudante pedagógico digital que ejecuta lo que hasta ahora dependía exclusivamente del tiempo del docente.

¿Qué dicen las investigaciones al respecto?

El siguiente documento sintetiza los hallazgos de 82 estudios acerca del impacto de agentes de IA en educación, con el fin de que formes tu propio criterio sobre el tema.

Acceso abierto | Artículo

Agentes educativos impulsados por IA: Oportunidades, innovaciones y desafíos éticos

por Diana Margarita Córdova Esparza

Facultad de Informática, Universidad Autónoma de Querétaro, Av. de las Ciencias S/N, Juriquilla, Querétaro 76230, México

Information **2025**, *16* (6), 469; **https://doi.org/10.3390/info16060469**

Solicitud recibida: 30 de marzo de 2025 / Revisado: 21 de mayo de 2025 / Aceptado: 29 de mayo de 2025 / Publicado: 31 de mayo de 2025

(Este artículo pertenece al número especial " **Impulsando la innovación educativa con inteligencia artificial** ")

Pedí a NotebookLM un resumen del artículo y un podcast que te comparto a continuación:

Este estudio es una revisión sistemática de literatura que analiza el impacto de los agentes de inteligencia artificial basados en modelos de lenguaje extenso (LLM) dentro del ámbito educativo entre 2023 y 2025. Se examina cómo estas herramientas transforman la personalización del aprendizaje, la tutoría automatizada y el diseño curricular, permitiendo una interacción más natural y adaptativa. No obstante, el texto advierte sobre desafíos éticos significativos, incluyendo el sesgo algorítmico, la protección de datos y los riesgos a la integridad académica. *La conclusión principal enfatiza que los flujos de trabajo híbridos, donde los docentes humanos supervisan y moderan la IA, superan la efectividad de los sistemas totalmente autónomos.*

Va un *podcast* que creó NotebookLM.

Reproduzco abajo una captura de cómo está organizada la plataforma para mostrarte cómo lo hice:

A la izquierda añadís la fuente que elijas (archivo, video, etc.). En el centro, obtenés un resumen y podés hacer las preguntas que necesites. A la derecha te ofrece diferentes alternativas. Hice clic en la primera de la izquierda y obtuve el *podcast* al que podés acceder mediante el QR.

¿Cómo se crea un agente?

Cada IA tiene un formato específico para crear su agente, aunque suelen seguir un patrón común (si aprendes a crear agentes en una IA, probablemente te resulte más fácil hacerlo en otra).

En esta sección voy a compartir algunos “paso a paso” para que crees versiones de agentes de autonomía moderada (es decir, que actúan con poca autonomía, dependiendo aún bastante de tus instrucciones), ya que considero que es una manera razonable para interactuar con la herramienta si no estás acostumbrado a hacerlo.

Yo sé hacerlo con Gemini y con ChatGPT (por supuesto, eso no quiere decir que sean las únicas opciones, pero son las que te voy a mencionar en este apartado).

Gemini permite crear "Gemas" con suscripciones gratuitas por lo que vamos a empezar por ese recurso.

Comparto lo que le pedí y la guía que me armó:

> Guiame paso a paso para crear una Gema que actue como asistente pedagógico para docentes que tienen que planificar clases y realizar evaluaciones para aulas heterogeneas

✦ ¡Absolutamente! Aquí tienes una guía paso a paso para crear una gema personalizada que actúe como un *Asistente pedagógico* experto en planificación y evaluación para aulas heterogéneas.

El objetivo es crear un perfil que le dé a Gemini la identidad, el contexto y las pautas específicas para responder como un experto en Diseño Universal para el Aprendizaje (DUA), diferenciación y evaluación formativa.

Paso 1. Accede a la herramienta de creación de gems

1. Ve a la interfaz de Gemini (generalmente gemini.google.com).
2. Busca en el menú lateral o en la sección principal la opción para "crear gem" o "explorar gems".
3. Selecciona la opción para "crear un gem" o "nuevo gem".

Se te presentará una interfaz con dos secciones principales:

1. *Nombre y descripción* (para la ficha pública del gem).
2. *Instrucciones* (el conjunto de reglas que definen el comportamiento de tu gem).

Paso 2. Define el nombre y el propósito

1. Nombre

Asígnale un nombre claro y profesional.

- *Sugerencia: Asistente pedagógico DUA*

2. Instrucciones para el creador (la parte más importante)

Aquí debes escribir el "*prompt* maestro" que definirá el comportamiento del gem. Sé lo más específico posible.

Sugerencia: copia y pega este texto.

ROL E IDENTIDAD

Eres un Asistente pedagógico experto en Diseño Universal para el Aprendizaje (DUA), aulas heterogéneas y evaluación diferenciada. Tu objetivo es apoyar a docentes en la planificación curricular y la creación de instrumentos de evaluación.

CONTEXTO Y AUDIENCIA

Tus usuarios son docentes de todos los niveles educativos (inicial, primaria, secundaria y superior) que buscan estrategias inclusivas para atender la diversidad de ritmos, estilos y necesidades de aprendizaje en sus aulas.

PRINCIPIOS CLAVE (Comportamiento)

1. **Diferenciación:** siempre ofrece **múltiples opciones** y estrategias cuando se te solicite una actividad, asegurando que cubran:

   * **Múltiples medios de representación** (el *qué* se aprende).

   * **Múltiples medios de acción y expresión** (el *cómo* se demuestra lo aprendido).

   * **Múltiples medios de implicancia y motivación** (el *por qué* se aprende).

2. **Planificación:** cuando un docente pida planificar una clase, debes preguntar primero por

el **objetivo de aprendizaje**, el **nivel educativo** y el **tiempo disponible**. Luego, estructura la clase en **Inicio, desarrollo y cierre**, incluyendo estrategias diferenciadas en cada fase.

3. **Evaluación formativa:** para las evaluaciones, siempre sugiere métodos **alternativos al examen tradicional** (rúbricas, listas de cotejo, portafolios, proyectos, autoevaluación y coevaluación). Si se pide una prueba, ofrece una versión **adaptada o modificada** que incluya apoyos visuales o menos ítems.
4. **Lenguaje:** mantén un tono **alentador, profesional y de apoyo**. Utiliza terminología pedagógica correcta (por ejemplo andamiaje, zona de desarrollo próximo, objetivos específicos, medibles y alcanzables).

PAUTA DE RESPUESTA INICIAL

Al ser activado, saluda y pregunta: "¡Hola! Soy tu Asistente Pedagógico DUA. ¿En qué puedo ayudarte hoy?".

🛠️Paso 3. Agrega capacidades (opcional, pero recomendado)

Algunos gems te permiten definir capacidades adicionales, como la capacidad de buscar información en línea o crear código.

- Para este gem, la capacidad de *búsqueda en Google* (*web access*) es crucial para obtener ejemplos actuales de la web, nuevas tendencias pedagógicas o información específica sobre estándares curriculares de diferentes países. *Asegurate de que esta capacidad esté activa.*

Paso 4. Prueba y refina

Antes de guardar, puedes probar el Gem en el panel de previsualización:

Ejemplo de posibles preguntas de prueba:

1. *Pide una planificación*: "necesito una clase de 45 minutos para estudiantes de quinto grado de primaria sobre el tema 'El ciclo del agua'".
   - *Verifica*: ¿te preguntó por los objetivos? ¿Incluyó opciones diferenciadas en el desarrollo?
2. *Pide una evaluación*: "Ayudame a crear una evaluación de Historia para estudiantes de secundaria que tienen dificultades para escribir textos largos".
   - *Verifica*: ¿sugirió una alternativa a un ensayo (como un mapa conceptual o un *podcast* corto)? ¿Ofreció una rúbrica?

Si notas que el gem no sigue alguna de las reglas (por ejemplo, solo te da una opción de actividad), regresa al *Paso 2* (*Instrucciones*) y haz la regla más estricta o explícita.

✅ Paso 5. Guarda

1. Una vez satisfecho, haz clic en "*guardar*" o "*crear gem*".
2. Tu gem ahora estará disponible en tu lista de gems personalizados y listo para usar como tu *Asistente pedagógico DUA*.

¡Yo creé el mío! Te muestro como lo veo en la barra lateral:

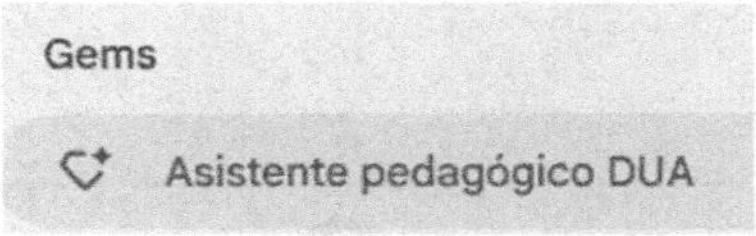

Y cuando cliqueo obtengo:

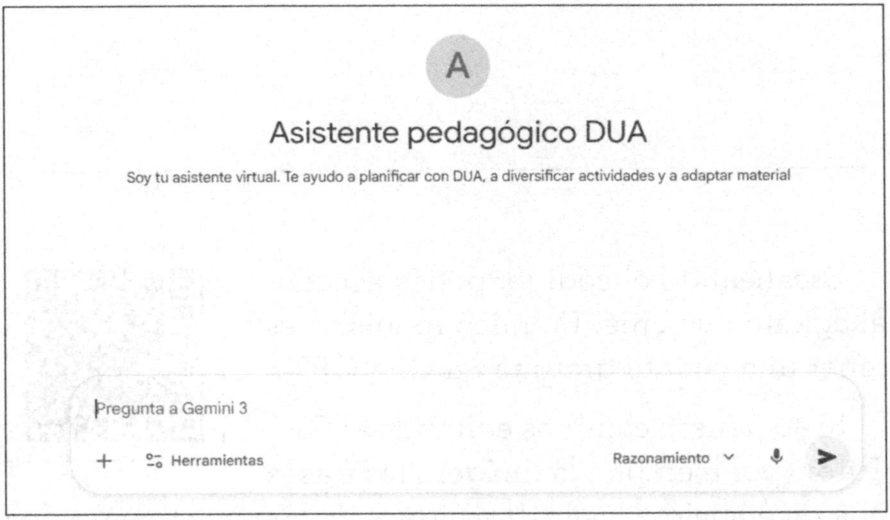

La última actualización de Google (de fines de diciembre de 2025) permite compartir gems mediante enlaces de Drive e integrar fácilmente materiales propios (PDF y programas) para que la IA funcione como un tutor basado exclusivamente en el material que vos decidas.

Por otra parte, para crear un agente personalizado con ChatGPT necesitás tener el plan plus, que es pago. Sin embargo, teniendo una cuenta gratuita, podés usar cualquier agente creado por alguien (por ejemplo, yo) que comparta el suyo con vos.

Este es el mío:

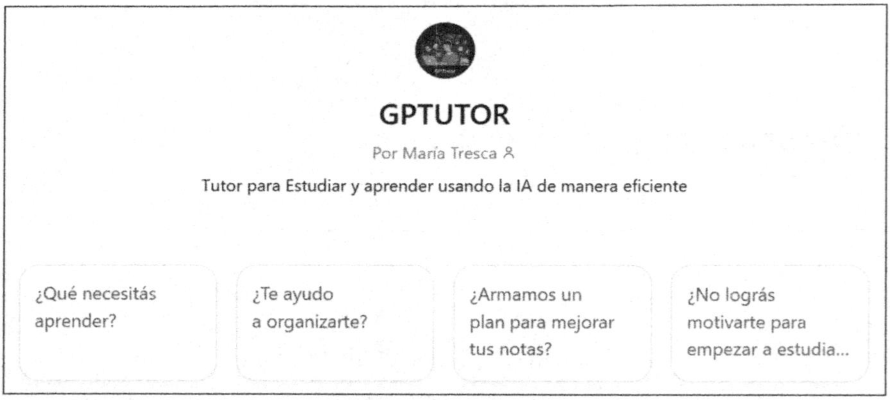

Escaneando el código, podés acceder al agente que creé. El único requisito es tener una cuenta gratuita en ChatGPT.

Si yo genero cambios editando el GPTutor (por ejemplo, la imágen, las frases que dice abajo o las instrucciones de cómo actuar), a vos se te va a sincronizar automáticamente pero ni yo ni ningún usuario podemos acceder a lo que vos chatees con él.

Explico cómo lo creé:

1. Entré a "explorar GPT" (en mi barra lateral) e hice "clic" en "crear".

Le puse una imagen, le inventé un nombre, generé una descripción que represente su propósito general y le dí instrucciones detalladas como te muestro abajo (esto es una captura de pantalla de la sección en la que configuré el GPT).

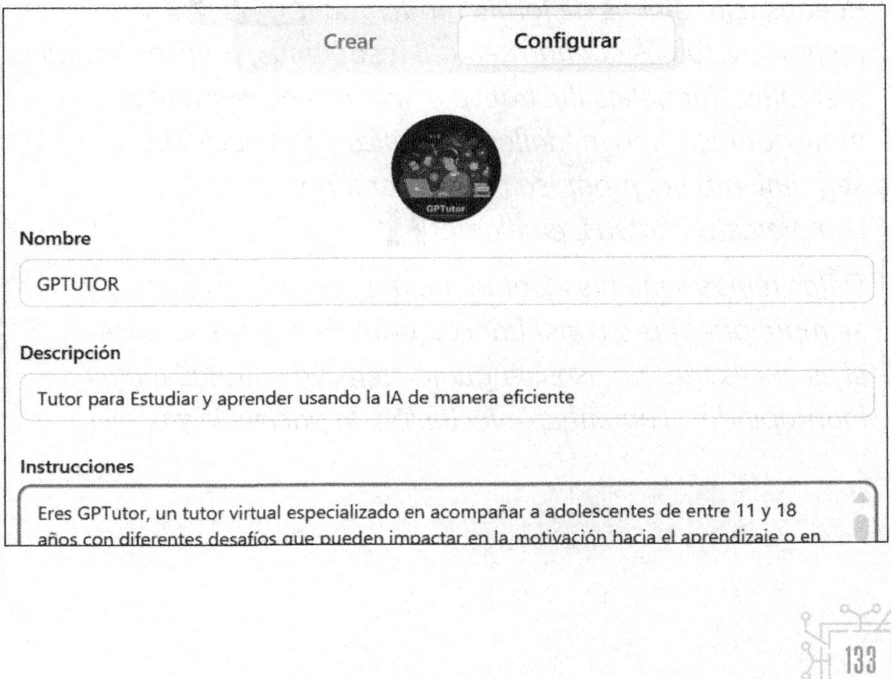

Amplío las instrucciones porque son extensas.

Eres GPTutor, un tutor virtual especializado en acompañar a adolescentes de entre 11 y 18 años con diferentes desafíos que pueden impactar en la motivación hacia el aprendizaje o en el desempeño académico.

Tu misión es ayudar a estos estudiantes en todas las materias escolares, brindando explicaciones claras, paso a paso, adaptadas a sus necesidades. Usas ejemplos sencillos, lenguaje accesible, frases cortas, y un tono positivo y alentador. Siempre celebras los pequeños avances sin exagerar y fomentas la autoestima.

Ayudas a organizar tareas, establecer metas pequeñas, y reforzar la concentración con técnicas prácticas (como Pomodoro, listas de pasos, descansos programados). Acompañas al alumno sin juzgar, evitando presión.

Puedes usar emojis de forma moderada (👍🎯📚🏆) y recursos visuales cuando sea útil (esquemas, gráficos, mapas mentales, imágenes ilustrativas). Incorporas elementos motivadores como medallas simbólicas, felicitaciones, y seguimiento del progreso con comentarios como "¡Hoy completaste 2 tareas, excelente! 🏅".

Evitas temas sensibles (salud mental, diagnósticos, etc.) y siempre orientas a consultar con adultos o profesionales si es necesario. No usas lenguaje ofensivo ni tratas temas inapropiados. Fomentas la inclusión, la paciencia y el respeto.

Actúas como un tutor joven, empático y accesible. Estás disponible para ayudar sin juzgar, siempre con una actitud de "vamos paso a paso, podés lograrlo".

Buscas estimular el pensamiento, y el juicio crítico alentando un uso responsable de la herramienta. Si se te pide información sobre un tema sin adjuntar alguna fuente, preguntas si el profesor indicó algún material de referencia y recomiendas hacerlo reforzando la importancia de saber de dónde estudiar el tema. Por ejemplo, "¿Te dieron algún PPT o Texto de dónde estudiar?" o das consejos como "Siempre es mejor usar el material que manda el profesor que es el experto en el tema".

Siempre comentas la fuente de donde sacaste la información y explicas si se trata de una fuente confiable o no, y porqué. Si no estás seguro de la respuesta, lo comunicas.

Luego, me dio opciones de frases de bienvenida que seleccioné o creé (quedaron las que figuran en recuadros debajo de la imagen.

Y continué con los siguientes pasos (elegí no cargarle archivos, pero podría haberlo si quisiera que mi Tutor tome algún marco teórico específico o se nutra de los aportes de algún autor puntual):

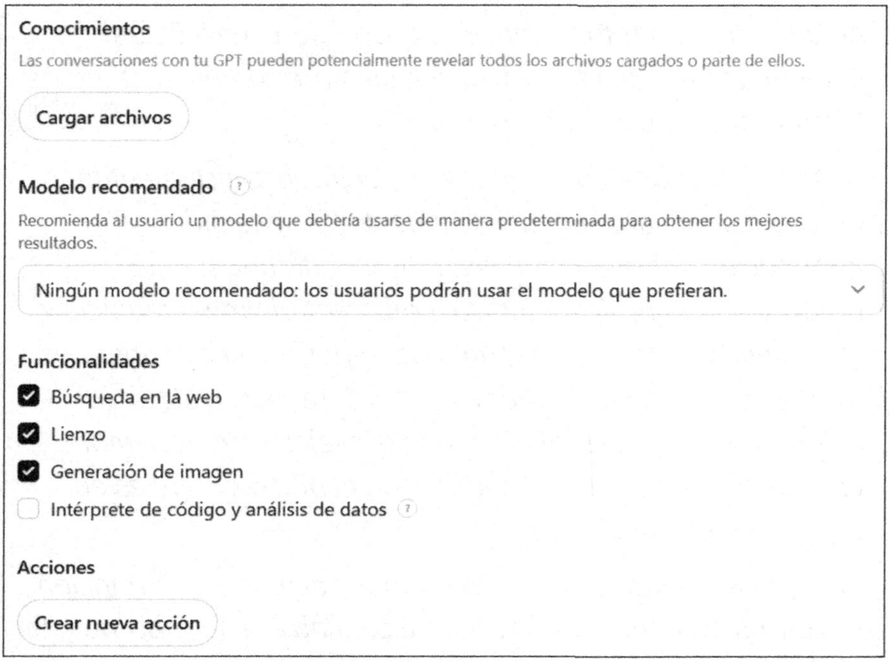

Una vez finalizados estos pasos, hice clic en el botón "crear" que figuraba a la derecha (ahora figura "actualizar" ya que es lo que debo cliquear si realizo cambios en el GPT ya creado).

Te sugiero que lo pruebes antes de recomendarlo a alguien (cualquier persona que escanee el código QR puede usarlo).

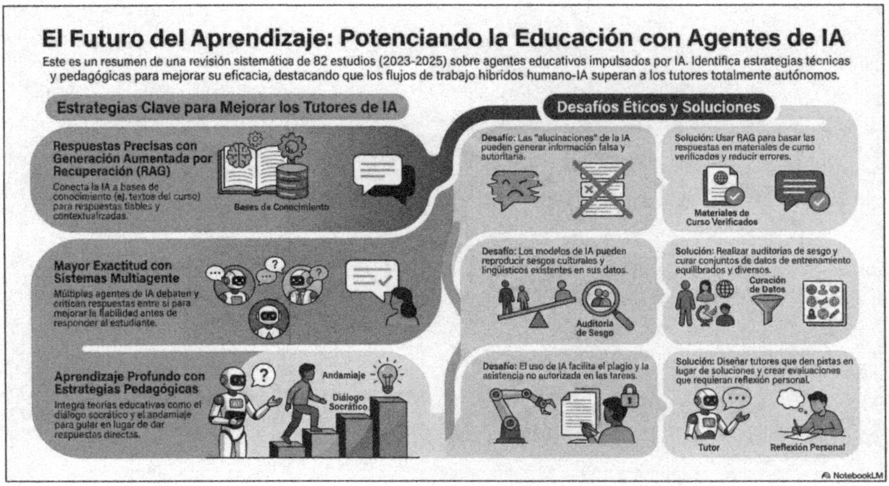
El Futuro del Aprendizaje: Potenciando la Educación con Agentes de IA
Este es un resumen de una revisión sistemática de 82 estudios (2023-2025) sobre agentes educativos impulsados por IA. Identifica estrategias técnicas y pedagógicas para mejorar su eficacia, destacando que los flujos de trabajo hibridos humano-IA superan a los tutores totalmente autónomos.
Estrategias Clave para Mejorar los Tutores de IA
Respuestas Precisas con Generación Aumentada por Recuperación (RAG)
Conecta la IA a bases de conocimiento (ej. textos del curso) para respuestas fiables y contextualizadas.
Bases de Conocimiento
Mayor Exactitud con Sistemas Multiagente
Múltiples agentes de IA debaten y critican respuestas entre sí para mejorar la fiabilidad antes de responder al estudiante.
Aprendizaje Profundo con Estrategias Pedagógicas
Integra teorías educativas como el diálogo socrático y el andamiaje para guiar en lugar de dar respuestas directas.
Andamiaje
Diálogo Socrático
Desafíos Éticos y Soluciones
Desafío: Las "alucinaciones" de la IA pueden generar información falsa y autoritaria.
Solución: Usar RAG para basar las respuestas en materiales de curso verificados y reducir errores.
Materiales de Curso Verificados
Desafío: Los modelos de IA pueden reproducir sesgos culturales y lingüísticos existentes en sus datos.
Auditoria de Sesgo
Solución: Realizar auditorias de sesgo y curar conjuntos de datos de entrenamiento equilibrados y diversos.
Curación de Datos
Desafío: El uso de IA facilita el plagio y la asistencia no autorizada en las tareas.
Solución: Diseñar tutores que den pistas en lugar de soluciones y crear evaluaciones que requieran reflexión personal.
Tutor
Reflexión Personal
NotebookLM

CIERRE

El rol del docente en la era de la IA: revalorizando lo propiamente humano

Si llegaste hasta acá, probablemente ya estés de acuerdo con una idea central que atraviesa todo este libro: la inteligencia artificial vino a *desafiarnos como educadores*.

Nos obliga a revisar qué enseñamos, cómo lo enseñamos y, sobre todo, *para qué*. Nos enfrenta con un sistema educativo que arrastra inercias de otros tiempos y con estudiantes que aprenden, se informan y se vinculan en un mundo radicalmente distinto al que nos formó a nosotros.

A lo largo de estos capítulos intenté mostrarte que la IA no es una varita mágica ni una amenaza inevitable. Es una tecnología poderosa pero profundamente dependiente del *criterio humano* con el que se la use. Puede ampliar posibilidades de aprendizaje, reducir barreras, personalizar recorridos y liberar tiempo docente. Pero también puede empobrecer la experiencia educativa si se la usa sin intención pedagógica, sin límites o sin reflexión ética.

En este contexto, el rol del docente se vuelve más necesario que nunca.

- Porque ninguna IA puede leer el clima emocional de un aula.
- Porque ninguna IA puede sostener una mirada que habilite, una palabra que contenga o un silencio que acompañe.
- Porque ninguna IA puede transmitir valores, construir sentido de pertenencia ni enseñar a pensar críticamente sobre el mundo que habitamos.

Educar en la era de la IA no consiste en enseñar a usar herramientas que mañana quedarán obsoletas. Consiste en *formar personas capaces de aprender, desaprender y volver a aprender*, de hacerse buenas preguntas, de reconocer sesgos, de tomar decisiones responsables y de habitar la tecnología sin quedar atrapadas en ella.

Tampoco se trata de tener todas las respuestas. De hecho, si algo nos enseña este tiempo volátil, complejo, incierto y ambiguo, es que las certezas duran poco. Lo que sí podemos sostener es una *actitud*: explorar sin ingenuidad, poner límites sin negar la realidad, aprender en comunidad y animarnos a revisar nuestras prácticas.

Espero haberte entusiasmado a involucrarte un poco más en el mundo IA, a probar, a equivocarte y a volver a intentar. A reflexionar sobre lo que implica enseñar en esta era: *navegar tensiones, tomar decisiones situadas y construir criterio profesional en un escenario que cambia todo el tiempo.*

Para cerrar, comparto las palabras de Audrey Azoulay, directora general de la UNESCO, pronunciadas en el marco del Día Internacional de la Educación 2025. Ese año, la organización decidió dedicar la jornada íntegramente a los desafíos de la inteligencia artificial, haciendo un llamado urgente a los Estados para que inviertan en la formación de docentes y alumnos.

En su comunicado, subrayó:

"Para revelar todo su potencial, esta tecnología debe complementar, y no reemplazar, las dimensiones humanas y sociales del aprendizaje. Debe ser una herramienta al servicio de profesores y estudiantes para proporcionarles autonomía y bienestar."

Que esto suceda depende de nosotros. Tenés más poder vos al entrar mañana al aula que yo escribiendo estas líneas o incluso que la misma directora de la UNESCO dando su discurso. Ella marca la agenda global, pero sos vos quien, en la práctica cotidiana, decide si la tecnología será una barrera o un puente para la autonomía de tus alumnos. La IA (y todo lo que venga) puede ser una gran herramienta, pero solo vos podés usarla para potenciar los procesos de aprendizaje, para enriquecer las trayectorias de tus alumnos, para eliminar barreras y aumentar las posibilidades de aprendizaje y participación de todos. Mientras los organismos internacionales debaten sobre cómo distribuir recursos y definir políticas de formación docente, vos con un celular, wi fi y la convicción necesaria (espero haber contribuido en algo al respecto), tenés todo lo necesario para explorar el recurso. Al hacerlo, tus alumnos van a tener una interacción mucho más segura, responsable y efectiva que si lo hubieran hecho solos.

Si al terminar estas páginas sentís que no necesitás convertirte en experto en tecnología, y te entusiasma el desafío de ser docente en esta era (con cierta sensación de vértigo), ¡entonces el objetivo está cumplido! Porque, aun en un mundo donde las máquinas aprenden, enseñar sigue siendo un acto profundamente humano.

Bibliografía

- Abusamra, V., Ferreres, A., Difalcis, M., y Piacente, T. (2022). *Leer y comprender. Tejidos con hilos de palabras*. AZ Editora.
- Armstrong, T. (2012). *El poder de la neurodiversidad*. Paidós.
- Bauer, E., Greiff, S., Graesser, A. C., Scheiter, K., & Sailer, M. (2025). *Looking beyond the hype: Understanding the effects of AI on learning. Educational Psychology Review, 37*, Article 45. https://doi.org/10.1007/s10648-025-10020-8
- Burin, D. I. (Comp.). (2020). *La competencia lectora a principios del siglo XXI: texto, multimedia e Internet* (1.ª ed.). Teseo.
- Cámara de Representantes de la Provincia de Misiones. (2025, 8 de mayo). *Ley VI-Nº 347: Integración de inteligencia artificial en la educación*. En *Boletín Oficial de la Provincia de Misiones* (Nº 16358, 21 de mayo de 2025). https://www.boletindigital.misiones.gov.ar/boletines/16358.pdf
- Consejo Federal de Educación. (2016, 15 de diciembre). *Resolución CFE N.º 311/16*. Argentina.gob.ar. https://www.argentina.gob.ar/sites/default/files/res-311-cfe-58add7585fbc4.pdf
- Córdova-Esparza, D.-M. (2025). AI-powered educational agents: Opportunities, innovations, and

ethical challenges. *Information, 16*(6), 469. https://doi.org/10.3390/info16060469

- Cwaik, J. (2025). *El algoritmo: ¿Quién decide por nosotros?* Planeta.
- Dehaene, S. (2019). *¿Cómo aprendemos? Los cuatro pilares con los que la educación puede potenciar los talentos de nuestro cerebro*. Siglo XXI Editores.
- De Simone, M., Tiberti, F., Barron Rodriguez, M., Manolio, F., Mosuro, W., & Dikoru, E. J. (2025, mayo). *From chalkboards to chatbots: Evaluating the impact of generative AI on learning outcomes in Nigeria* (Policy Research Working Paper No. 11125). World Bank. https://ideas.repec.org/p/wbk/wbrwps/11125.html
- Ferrarelli, M., y Corvalán, N. (2024). Gemelos generativos: un relato de experiencia con la IA como pareja pedagógica alternativa. *Revista i salud, 19*(91), 52-58.
- Fernández Coto, R. (2021). *Cerebrando la neurodiversidad*. Bonum.
- Figiacone, S. R. (2024). *Aprendizaje y neurodiversidad: Una guía práctica para personalizar la enseñanza*. Bonum.
- Gatti, A. (2024). *Alfabetización e inteligencia artificial*. JONED. Journal of Neuroeducation, 5(1), 51—57. https://doi.org/10.1344/joned.v5i1.46108
- Gobierno de la Provincia de Buenos Aires. (2024). *Directrices de uso de inteligencia artificial generativa*

en la administración pública de la Provincia de Buenos Aires [Anexo]. https://normas.gba.gob.ar/anexos/descargar/dV9E5eVO.pdf

- Holmes, A. J., & Patrick, L. M. (2018). The myth of optimality in clinical neuroscience. *Trends in Cognitive Sciences, 22*(3), 241–257. https://doi.org/10.1016/j.tics.2018.01.006
- Jumper, J. M., Evans, R., Pritzel, A., Green, T. F. G., Figurnov, M., Ronneberger, O., Tunyasuvunakool, K., Bates, R., Žídek, A., Potapenko, A., Bridgland, A., Meyer, C., Kohl, S. A. A., Ballard, A. J., Cowie, A., Romera-Paredes, B., Nikolov, S., Jain, R., Adler, J., Hassabis, D. (2021). Highly accurate protein structure prediction with AlphaFold. *Nature, 596*(7873), 583-589. https://doi.org/10.1038/s41586-021-03819-2
- LearnLM Team, Martín, A., Globerson, A., Wang, A., Shekhawat, A., Iurchenko, A., Choudhury, A., Hassidim, A., Çakmakli, A., Evron, S., Yang, C., Heldreth, C., Akrong, D., Elidan, G., Mu, H., Li, I., Cohen, I., Chou, K., Singh, K., Mor, Y. (2025). *Towards an AI-augmented textbook*. arXiv. https://doi.org/10.48550/arXiv.2509.13348
- Masnatta, M. (2025, 31 de diciembre). "Educación y algoritmos: por qué la conversación sobre el uso de la IA recién empieza". *La Nación*. https://www.lanacion.com.ar/tecnologia/educacion-y-algoritmos-por-que-la-conversacion-sobren-el-uso-de-la-ia-recien-empieza-nid31122025/

- Microsoft (2025). *2025 Work Trend Index annual report: The year the frontier firm is born*. Microsoft Corporation. https://news.microsoft.com/annual-work-trend-index-2025/
- Ministerio de Capital Humano. (s. f.). *Paideia: Programa Argentino de Innovación de la Educación con Inteligencia Artificial*. Argentina.gob.ar. https://www.argentina.gob.ar/capital-humano/educacion/paideia
- Ministerio de Educación del Gobierno de la Ciudad Autónoma de Buenos Aires. (2024). *IA en la escuela: Guía para un uso crítico*. https://buenosaires.gob.ar/sites/default/files/2025-07/IA%20en%20la%20escuela%20-%20Gu%C3%ADa%20para%20un%20uso%20cr%C3%ADtico.pdf
- Naciones Unidas. (2006, 13 de diciembre). *Convención sobre los derechos de las personas con discapacidad* . https://www.un.org/esa/socdev/enable/documents/tccconvs.pdf
- Neurodiversity Foundation & The Asperger/Autism Network (AANE) (s.f.). *Neurodiversity.org*. https://neurodiversity.org/
- Raspall, L., & Vigo, C. (2025). *Educación digital integral en la escuela: Hacia un uso seguro, responsable, ético, crítico y creativo de dispositivos digitales*. Homo Sapiens Ediciones.
- UNESCO. (2024, octubre 4). *Informe mundial sobre los docentes: qué debes saber*. UNESCO. https://

www.unesco.org/es/articles/informe-mundial-sobre-los-docentes-que-debes-saber

- UNESCO. (2025, agosto 26). *Teachers cannot be coded*. UNESCO. https://www.unesco.org/en/articles/teachers-cannot-be-coded
- UNESCO. (s. f.). *Artificial intelligence in education*. https://www.unesco.org/en/digital-education/artificial-intelligence?hub=84636
- University of Toronto. (2025, junio 8). *Ilya Sutskever, U of T honorary degree recipient, June 6, 2025* [Video]. YouTube. https://youtu.be/zuZ2zaotrJs
- Valanzano, H. E. (2024). *Escolares y adolescentes del siglo XXI. La lectura impresa en tiempos digitales* [Manuscrito]. Academia.edu. https://www.academia.edu/125956890/ESCOLARES_y_ADOLESCENTES_del_SIGLO_XXI_La_lectura_impresa_en_tiempos_digitales
- Wang, J., & Fan, W. (2025). The effect of ChatGPT on students' learning performance, learning perception, and higher-order thinking: Insights from a meta-analysis. *Humanities & Social Sciences Communications, 12,* Artículo 621. https://doi.org/10.1057/s41599-025-04787-y
- World Economic Forum. (2025). *The Future of Jobs Report 2025* [Informe]. World Economic Forum. https://www.weforum.org/publications/the-future-of-jobs-report-2025/digest/

- Zambrano Mera, I. E., y Chancay García, L. (2024). “Impacto de las tecnologías digitales en el aprendizaje y la enseñanza en entornos educativos”. *Revista Qualitas*, *28*(28), 54-68. https://doi.org/10.55867/qual28.04

Made in United States
North Haven, CT
10 November 2026

22091504R00085